新書

鈴木孝夫
SUZUKI Takao

日本語教のすすめ

333

新潮社

日本語教のすすめ——目次

第一章　日本語は誤解されている

第二章　言語が違えば文化も変わる

第一章　日本語は誤解されている

一　日本語ってどんな言語

日本語は大大言語

この本では、私は面白くてしかも一般の人にもわかりやすい話題をいくつか選んで、これまで私が五十年以上も言語社会学者として、様々な角度から取り組んできた日本語を自由に論じてみたいと思います。私はこの本を読まれた読者が日本語ってこんな素晴しい言語だったのか、こんなにも知らないこと不思議なことがあったのかと、驚きと喜びをもって改めて母語を見直してくださることを願いながら書き進んでゆくつもりですから、どうかご期待ください。

さて私は色々と考えた末に、先《ま》ず第一に「日本語とは一体どんな言語なのか」という問題を、ひろく世界の諸言語との関連で考えてゆくことにしました。というのもこれまで日本語についてあれこれ言われてきたこと、多くの人が日本語はこんな言語だと思っていることの大半は、実は世界の言語の実情をあまり良く知らない人々の不正確な知見に影響された、事実とは程遠いものだからです。

そこで私は何よりも先ず日本人の母語である日本語は、世界の諸言語の中でも大言語と目されるにふさわしい強大な言語なのだということを指摘しておきましょう。読者の中には、日本語なんてこの小さな島国日本の中だけで用いられているチッポケで取るに足らない言語だぐらいに思っている人が多いと思います。そのことは私が大学の授業で日本語が世界の言語の中で占める位置を訊《たず》ねると、殆《ほとん》どの学生がかなり下のほうではと答えることからも想像できるのです。

ところが現実として日本語は小さな言語どころか大大言語なのです。実はこの事実を日本で初めて指摘したのはほかならぬこの私で、一九七五年に新潮選書の一冊として出版した『閉された言語・日本語の世界』の第三章にそのことが詳しく述べてあります。それまで戦後の日本には一度ならず日本語ブームが起こって、その都度日本語について沢山の本が出版されましたが、面白いことにこの事実に触れた人はいませんでした。それは日本語をこのように世界的な視野で考える癖と言うか発想がそれまでの日本人になかったためです。

ところで今世界ではおよそ何種類の異なった言語が用いられていると思いますか。この問題を調べた何人もの言語学者のほぼ一致した意見は、何とおそらく六千種は下らないだろうということです。でもなぜこんな漠然とした答えなのかというと、第一の理由は二つの言語が同じものか別種なのかがはっきりとしない場合が意外にも多いためです。私たちが知っているような言語なら同じか違うかは多くの点で歴然としていることが多いのですが、世界各地には、ある一つの言語の方言とすべきかそれとも互いに別の言語と考えたほうがよいかを決めかねるほど、相互の区別がはっきりしない言語がいくつもあるのです。この点で日本語のように世界のどの言語とも似た点のすくない、自立独自性がとても強い言語はむしろ少数派です。フランスとスペインの国境地帯で、今なお特異の存在を保っているバスク民族の言葉バスク語も、同類が世界のどこにも見つからない孤立言語です。

言語の総数を明確に確定しにくい第二の理由は、世界規模の調査を時間を掛けて行っている間に、使用者の少ない言語がどんどんと消滅していることです。これは話者の絶対数が僅《わず》かなため、後から侵入してきた異民族によって民族自体が消滅させられてしまう場合と、少数民族が生き延びるためにやむを得ず自分の言語を棄《す》てて強力な大言語に乗り換えてしまう場合とがあります。今ユーラシア大陸ではロシア語と中国語という二つの大言語が、どんどんと辺境のさまざまな弱小言語を飲み込んでいますし、アメリカ大陸では英語とスペイン語、そしてポルトガル語などが先住土着の人々のもつ固有の言語を、恐ろしい勢いで吸収し消滅させています。

これとは反対に、言語の数が増えることもあるため、人類言語の総数はなかなかつかみにくいのです。さすがに今では南米アマゾンの密林地帯などで、それまで外部の誰にも知られなかった新しい言語を話す人々が見つかったなどということは、殆どなくなりました。しかしこれまである言語の一部だと考えられていたものが、研究が進むにつれて別の言語としたほうがよいとされることは時々起こります。更にはまるで隠れキリシタンのように、外部の人には知られないように密かにある集団内部だけで長い間用いられてきた言語が、新たに発見されることもトルコなどで起こっています。

というようなわけで今世界では六十七億を数える人類が、六千種もの異なった言語を用いて生活していると一応考えることが出来るのですが、しかしこの六千もの言語のうちで使用する人の数が一億を超える大言語はいまのところ十前後しかありません。そして人口が一億二千七百万である日本は、この数がすなわち日本語使用者数と言えるのですから、日本語は世界の六千種もある言語のなかでなんと上位十番前後の位置をこのところ占めていることになります。このことが日本語はチッポケで取るに足らない言語どころか、世界の大大言語の一つだと私が言う第一の理由です。

とは言っても言語使用者の数の問題は言語の総数の場合と同じく、そもそも日本のように人口が正確に把握されている国は世界に必ずしも多くない上、殆どの大国は国内が複雑な多民族多言語社会ですから、国の総人口がすなわちその国の国語の使用者数となるといった日本のような単純なものではありません。

しかも日本の人口は現在停滞ないし減少傾向を示していますが、発展途上国の多くは人口爆発の上り坂状態にあります。ですから日本語使用者の番付が近い将来相対的に下がることは十分考えられます。しかし重要なことは、正確に上から何番目といったことではなく、とにかく日本語は一億二千万強もの使用者のいる世界の数少ない大言語の一つなのだということを、何よりも当の日本人がはっきりと自覚する必要があるということです。日本語使用者がこんなに多いということは、色々な意味で大変な力を持っていることを意味するからです。

日本語放棄論の系譜

　ところが日本人は自分たちの日本語が、実際にはこのように世界の大言語であるのに、それを何となく小さな取るに足らない言語だと勝手に思い込むだけでなく、こともあろうに日本語は人間の言語としては出来の悪い欠陥言語であるから、これを棄ててもっと効率のいい西洋の言語を国語として採用しなければ、世界の文明から取り残されてしまうと明治開国以来言い続けてきたのです。

　私は自分の母語を自ら進んで否定的に見たがるこの自虐的な心的態度を、〈日本語放棄論〉と呼んで長年色々と研究してきましたが、今ここでその詳細に立ち入ることは出来ないので、とりあえずこのような考えを公的に表明した代表的な人物の名をいくつか挙げ、その共通する主張を簡単に紹介することにしましょう。

　第一は明治の初め、日本の初代文部大臣となった森有礼《ありのり》です。この人は「英語為邦語之論」つまり英語を国語にしようとの主張で有名ですが、遅れた日本語では進んだ西欧文明を取り入れ、国を進歩発展させることは難しいから、英語を多少改良した上で国語として取り入れるべきだと主張したのです。

次はなんと言っても戦前戦後を通して大文豪としての名声の高かった志賀直哉です。彼は敗戦の翌年昭和二十一年の四月、雑誌『改造』に「国語問題」と題する文章を載せ、その中で日本が愚かな戦争をして惨《みじ》めな結果を味わうこととなった原因を、すべて日本語の持つ不完全さ不便さ、漢字学習の効率の悪さのせいにしています。そしてこともあろうに敗戦を機に日本語の代わりにフランス語を国語にすべきだという提案を真面目に行ったのです。

この志賀とほぼ時を同じくして、尾崎行雄（咢堂《がくどう》）という大政治家がいました。この人は衆議院議員を何期も勤め、〈憲政の神様〉とまで尊敬されて文部大臣も経験した論客ですが、この人は〈日本語という幽霊〉を退治し非能率な漢字を追放しなければ日本の民主化は望めないと主張して、日本語廃止運動の賛同者を求めてアメリカにまで行っています。このように日本近代の指導的知識人たちは日本語を忌《い》み嫌っていたのです。

ところで私の専門とするところは、言語そのものを自然科学的な物理現象として観察し分析することではなく、言語と人間の生きた関係を重視する、言語のもつ文化社会学的な側面の考察が中心です。そこでこれまでに数多くの民族や国民が、自分たちの母語や国語に対してどのような感情をもっているかを調べてきました。

その結果判ったことは、どの国民でも自分たちの母語に対しては絶大の信頼と愛情を寄せ、国語の持つ美しさ素晴しさを歌い上げる詩人文学者に事欠かないという事実でした。その好例を私は帝政ロシアの混乱期に、ロシア社会の惨状に深い絶望を感じながらも、ロシア語の持つ根源的な力が、やがてはロシアを救うことになることを疑わないという母語への深い信頼を、力強く歌い上げた文豪ツルゲーネフの「ロシア語」と題する次の散文詩に見るのです。

疑いの日にあっても、祖国の運命を思い悩む日においても……お前だけが私の杖であり、私の支えである。おお偉大にして力強く、真実にして自由なるロシア語よ、もしお前が無ければ、国内で行われているあらゆることを見るたびに、どうして絶望に陥らないでいられようか。私にはこのような言語が偉大なる民族に与えられないとはどうしても信じられないのだ。

このツルゲーネフのような母語にたいする絶大な信頼と愛情は大言語を母語にもつ人々だけでなく、どう見ても余り力があるとは思えない小さな言語の使用者の場合でも全く変わりません。先に触れたバスク人の場合でも、またフランスとドイツの間に挟まれて長年言語問題で苦しんだアルザス地域の小民族の場合でも、自分たちに固有の小さな言語を民族の誇りとして大切に守っています。言語が悪いから自分たちの社会は発展しないのだなどと、自国語を呪《のろ》い貶《おとし》める言説をなす人はまずいません。

また近代になってから西洋諸国の侵略支配を長年受け、今なお米国主導の軍事攻撃の下に苦しんでいるアラブ民族の間には、社会を近代化しなければ西欧に正面から立ち向かうことは出来ないとする革新的な考えはいろいろと見られますが、自分たちの言語をアラビア語からフランス語あるいは英語に変えなければ国の発展は望めないなどと言った人は皆無です。それどころかアラブの人々の間には、神の啓示はアラビア語でムハンマドに伝えられたのだから、アラビア語は神に選ばれた聖なる言語である、したがって神の言葉そのものであるコーランは、唯の人間の言葉でしかない外の言語に翻訳することは許されない、とするアラビア語を神聖視する伝統があります。だから世界の色々な言語で現に出版されているコーランの翻訳は、正しくは注釈書と呼ばれるべきものとされているのです。

ところが日本では先に見たように、国を代表する立場にある文部大臣、国民的大文豪、そして大政治家などが口を揃えて、日本語は駄目な言語だから何とかしてこれを優れた外国語と取り替えなければ国が危うい、発展しないなどと主張するのですから、日本人とはなんとも世界に例のない不思議な民族だと言う他はないでしょう。

西欧至上主義からの解放

でも考えても見てください。もし日本語が本当に言われるほど不完全で不便な言語であり、漢字がアルファベットなどと違って教育の普及を阻害する〈悪魔の文字〉であったならば、どうして日本人はそれらを棄てることなく使い続けながら、僅か百年足らずの間にアジアの遅れた小さな後進国から、教育の最も普及した世界一流の経済技術大国へと発展することができたのでしょうか。仮にもし日本が依然として発展もせず教育もさっぱりというのなら、その原因の一つに日本語が言語として劣っているからではと考えることも出来るでしょう。しかし結果はまったく逆なのです。日本の奇跡的な戦後の高度経済成長も今よりは遥かに煩雑《はんざつ》な旧漢字と旧かなで育った世代の日本人の手によるものだということを忘れてはいけません。このような事実は一体どう説明したらよいのでしょうか。

その答えは明治開国後の日本人が、直面した西欧の文化文明こそ最善至高のもので、これこそ人類の普遍的なあり方、ものごとすべての規範を示すものと思ってしまったからです。だから互いにごく近い親戚関係にある欧米の文明諸語が、その当然の結果として皆共通してもっている言語上の諸特徴、例えば単数複数の区別、現在・過去・未来などの時制の明示、そして冠詞や関係代名詞などをまったく持たない日本語は、言語としては規格外れの不完全で未発達の段階にある劣等なものだと考えてしまったのです。

しかしこれは開国当時の日本人が、彼我の文明の間に見られたあまりの落差に肝を潰した結果、そのように一方的に思い込んでしまったのだとは必ずしもいえません。当時は西洋人自身が事毎《ことごと》に、宗教をも含む西欧の文化文明、法律や社会制度、そして人種としての白人そのものまでが、人類の最も進化発達した段階にあるということを、臆面もなく主張していたからです。生物は全て進化するという十九世紀の中葉にダーウィンによって新しく主張され始めたばかりの進化論を、直ちに人間社会のあり方にまで拡大してあてはめた西欧諸国の社会進化論的な思想が、日本語は未発達な劣等言語だという日本の知識人たちの思い込みを助長させるのに大いに与《あず》かるところがあったと私は考えています。

しかし世界の諸言語についての学問的な知見が深まるにつれて、西欧の諸言語は数ある人間言語の類型的グループのただ一つに過ぎず、それは言語一般の典型でも規範を示すものでもないことが現在では言語学の常識になっています。言語には様々な違いはあるが、その違いのどれもが、文化文明の優劣に繋《つな》がるものではないことが判ったのです。だから日本人が西欧語とは全ての点で異なる日本語を使ったままで、不可能と思われた社会の近代化を短時日のうちに成し遂げることが出来たのは、別に驚くべきことではないのです。

　これまで日本人の中には、複数の概念が日本語では必ずしも言葉の形の上で明示されないから、科学的思考の発達が遅れたなどという人がいました。しかし一匹の犬をa dog、二匹以上の犬をdogsとすることが科学的といえるでしょうか。これでは二匹以上がすべて十把《じっぱ》ひとからげにされて互いの違いは無視されてしまっています。

　日本語（やトルコ語、朝鮮語、蒙古語など）では、数の概念を明示する必要のあるときは、それを表す言葉（数詞、形容詞など）を名詞の前に置きます。〈二羽の雀〉、〈沢山の花〉、〈多くの人〉のようにです。よほど記憶の悪い人ならばいざ知らず、例えば〈沢山の〉といわれれば、次に来る〈花〉が複数であることは誰にとっても自明でしょう。

ですから〈沢山の花々が咲き咲きましたました〉などと、複数概念をいちいち各項目ごとに繰り返さないのです。つまり因数分解の要領で全ての語彙《ごい》項目に含まれる複数の概念を先頭に括《くく》りだしてしまうわけです。しかしこの点ヨーロッパの多くの言語はみな、〈沢山の花々が咲き咲きましたました〉のような無駄なことをいまでもやっているといえます。

これから私たち日本人に必要なことは、外国、特に欧米諸国に見られる言語、文化、思考のあり方を基準にして日本のことをいいとか悪いとか考えないことです。それどころかむしろ日本の物事を基準として向こうを見る癖をつける必要があります。何故《なぜ》かと言うと、欧米とはすべてが違う日本が、今や彼らと肩を並べる時代となったからです。欧米が全ての点で絶対最高で、それ以外の社会のあり方、暮らし方、考え方は遅れている、劣っているとする長年染み付いた思考様式を棄てる努力を意識的にしなければ、日本人は何時《いつ》までも自主性のない精神的後進国とみなされ尊敬される国民とはなりません。

二　漢字の読みはなぜややこしいのか

音読みと訓読み

外国人が日本語の勉強を始めて漢字を習いだすと決まって出てくる質問は、なぜ同じ漢字が音《おん》と訓という全く違った二つの読み方をするのかです。日本人ならば漢字を小さいときから学校で習うため、なんとなくそういうものだと受け止めて、あまり不思議には思わないのですが、でも改まってどうしてかと正面から聞かれると、相手が満足するような明快な答えの出来る人は、必ずしも多くはないのではと思います。

日本で用いられる漢字の大半が、音と訓という二通りの読み方をもっているということは、確かに世界の文字の殆どが一字一音であることからして、不合理で納得しがたい言語習慣だという外国人がいても無理もないことといえます。いや外国人でなくとも明治以来数多くの日本人が漢字の不便さ煩雑さを言い立てるときは、必ず同じ漢字でいくつもの異なった読み方をするものがあることや、多くの漢字が音と訓の二通りの読み方をもっていることを問題にしたのです。

たとえば有名な文化人類学者の梅棹《うめさお》忠夫氏は、日本語から面倒な漢字を追放することがどうしても無理ならば、せめて同一の漢字を音訓二重に読むことを止めて漢字はすべて音だけで読むことにする、つまり訓読みを廃止すれば、日本語の表記は遥かにすっきりしたものになると主張されています。

なぜ二重読みが生まれたのか

古代において日本と同様中国の漢字の影響を受けた朝鮮半島の諸国、ヴェトナム、チベット、そして西夏《せいか》といった国々では、漢字を巡る対応の仕方に様々な違いが見られましたが、日本の訓に当たるようなものはどこにも生まれませんでした。どうして日本だけに漢字の訓読みが生まれたのでしょうか。私の考えではそれは言語上の理由からではなく、日本が古代中国の数ある〈朝貢国〉の一つでありながら、中国と地続きでない唯一の国であったため、歴代の中国王朝による長期の直接支配を免れたどころか、短期の武力侵略さえも僅か二度の元寇《げんこう》だけで済んだという事実がその理由です。

と言うのも普通ある国が外国によって直接長期にわたって征服支配された場合は、当然のことながらこの国の運営は外来の支配者によって彼らの言語で行われるため、この征服支配層と常に接触交流して仕事をする必要のある被支配国の要人や指導者たちは、支配者の言語を自国内で支配者相手に日々学び実際に使う立場にたたされます。

ところが日本の場合は朝鮮やヴェトナムなどと違って、一度も中国の直接支配下に入らなかったため、国内にはそもそも初めから中国人が殆どいなかったのです。そこで日本から隋唐に渡った少数の役人や学者、留学僧などは現地で中国語を苦労して学んで日本へ帰ってきました。そしてこの極めて少数の留学経験者が彼らの持ち帰った中国語の文献や新知識を周りの人々に理解させ広めるためには、当然のことながら中国語を全く知らないこれらの人々に、まず漢字一つ一つを書いた上で発音して見せ、その意味するところを日本語で説明しなければなりませんでした。例えば水という字を示して〈スイ〉と発音して見せ、これは日本語の〈みず〉のことだといった具合にです。だから日本人の頭の中にこの二つの読み方が一つの漢字を媒介者として対応するようになったのです。そして色々な事物や様々な概念を表す漢字はやがて、ある場合は中国式の漢字音で発音され、別のところでは日本語、つまり訓で読まれるようになりました。これが日本の場合だけ漢字に音訓二通りの読みが生まれたことの言語社会学的な理由です。

二重読みに良い点はないのか

というわけで古代の日本では、少数の留学経験者を除いて中国語の知識は、他の朝貢国でのように国内で中国人相手の口頭での直接交流によって得られたものではなく、はじめから日本人教師の日本語による逐語解説的な説明が一貫してそこに介在したのです。その結果として日本人の中国語能力は書かれた原典を解読し解釈することが主となり、相手と会話し自分から中国語の文章を書いて中国人に読ませるといった実際的な運用面は余り発達しませんでした（この、会話力を問題にせずもっぱら外国語の文献を読解することを通して、異国の文物を理解し取り入れるという変則的な外国語学習の形は、明治維新に始まる英語を中心とする欧米語教育でも殆どそっくり繰り返されました。そのわけは、日本の近代化〈西洋化〉もまさに古代における日本の中国化と同じく、他のアジア諸国のように外国によって直接征服占領された結果生じたものではないからです）。

さてこの同じ漢字が音読み訓読みという二通りの読み方をするという日本漢字の二重

音声化現象は、学習者にいろいろと余計な負担を強いるという、好ましくない結果を確かに生みはしましたが、その一方で早くから漢字の知識を広い範囲の日本人に開放する道を開いただけでなく、あとで説明するように漢字そのものを一般の日本人の意識に固く定着させることにつながっていったのです。

日本漢字のもつ音訓二重性には実はこのような功罪両面があるのですが、明治以来西洋諸国におけるものごとのあり方と、西洋言語のもつ仕組みこそが最も進歩したものだと考えてしまった多くの日本人は、あまりにも漢字のもつ罪の面だけに囚《とら》われ過ぎて、ヨーロッパの言語には全く見られないこの漢字の二重読みがもつ素晴しい功の面をすっかり見落としてきたのです。そこで私は今この点にこれまで誰も気付かなかった新しい角度から光を当てることで、マイナス面しか見ていない訓読み廃止論のどこが間違っているのかを明らかにしたいと思います。

漢字からなる専門語は分かりやすい

人と書く漢字の訓は〈ひと〉で、音は〈ジン〉だということは日本人なら殆どの人が知っているでしょう。またサルという動物は漢字で猿と書かれ、音読みは〈エン〉だということも多くの人の常識だと思います。ところで人類学には猿人《エンジン》という用語がありますが、このことばを初めて耳で聞いた人は、前後の文脈がよほどよくないと何のことか分からないと思います。自動車のエンジンのことかなどと戸惑うかもしれません。でも文字で猿人と書かれれば、「ああ、さる・ひとか、さるみたいなひと、ひとみたいなさるだから、大昔のサルに近い人間の祖先のことかな」といったことを想像できる人は中学生のなかでも少なくないのです。この例でわかるように、難しい専門的な内容の日本のいわゆる漢字語の持つ一つの特徴は、初めて耳で聞いた時は何のことかよく判らないことがしばしばだけど、書いたものを見れば多くの場合、それが何を意味するかの見当がほぼつくということです。そしてそれを可能にするしくみこそ、実は一つの漢字に音と訓という二重読みがあることなのですが、このことは日本語と英語を比較してみることではっきりします。

一般人に理解しづらい英語の専門語

英語では、この猿人のことをpithecanthropeといいます。見るからに難しそうな単語ですね。この単語を日本人で知っている人は余りいないと思いますが、実は英語の国アメリカやイギリスでも、一般の人はこの言葉を耳にしたとき、何のことか分からないだけでなく、書いたものを見ても皆目見当のつかないことが普通なのです。これは私がアメリカのイェール大学で講演したとき経験したことですから間違いありません。講堂で数十人の文科系の教授や大学院生を前にして黒板に大きく pithecanthrope と書いて、このことばの意味が判りますかと聞いたところ、何と一人も正解者がいませんでした。

その理由は簡単で、英語では難しい専門的な用語の多くはこれまで古代ギリシャ語またはラテン語を組み合わせて作ってきたため、これらの古典語を学んだことのある知識人以外には、pithecanthrope の前半の部分が ape（サル）を意味するギリシャ語で、後半が man（ヒト）を指すギリシャ語に由来するのだから、これは ape-man つまり日本語での猿人のことだとは推測できないのです。そして西欧の国々ではどこでも今は古典語の教育が人気を失っているため、先のような正解者ゼロという結果は驚くことではないのです。ここで見逃してはならない重要な点は、この単語は難しいギリシャ文字ではなく、他の普通の英単語と少しも変わらないローマ字で書かれているのだから、読めないことはないはずなのに駄目なのだということです（このことは、日本語でカタカナ書きされる外来語、例えば最近よく使われる「デカップリング」などという語は、カタカナで書いてあるのだから読めることは読めるのですが、意味がよく判らないのと同じです。書いたものが読めることと意味が分かることとは別なのです)。

英語ではこのように高級語彙、つまり専門家や学問、特殊技術に携わる人々が用いる知的な用語の殆どが、一般の人々にはその意味が分からない古典語の要素で組み立てられているため、英米での新聞や雑誌などは少数のインテリを念頭においた高級紙と、一般大衆向けのものとにはっきりと分かれています。これに反して日本では国民の全てを読者とする全国紙がいくつもありますが、これは日本語が社会の上下を区別する必要のない言語だからです。そしてその理由の大きな部分が、漢字という古典外来要素に対して、英語などの場合とは違い、訓読みという誰にでも理解できる一種の〈意味上の注釈〉が用意されていることです。

これまでの日本人は成人するまでに学校で漢字を習うだけでなく一般の社会生活の中でも何かと漢字にふれる機会があり、その際ある漢字が音で用いられたり、訓で読まれたりすることを色々と経験してきました。その結果、人により程度は違いますが、前にあげた猿人の場合の〈さる=猿=エン〉といったように、同一の漢字つまり〈古典外来語〉が、時と場合で二つの別の読み方をされることが自然と頭の中に入っていました。

だから例えば葉緑素という語を見れば、初めての人でも〈は、みどり、もと〉と、この専門用語の大体の意味が易しい身近な言葉をつなげることで見当がつきますが、英語のchlorophyll（ギリシャ語でgreen-leafの意）は、初めて見たり聞いたりした人には全くチンプンカンプンです。

同一概念の二重音声化

日本語では一つの漢字に音と訓という二通りの読み方があるというこの事実は、別の言い方をすれば同一の概念が二つの別々な言語によって音声化されているということなのです。ここで少し乱暴な言い方をすると、そもそも漢字というものはなにかの意味を表している書写記号であって、それをどう声に出して読むかは読む人の自由なのです。と言うのも漢字はある特定の音声を文字化したものではなく、事物（もの）や事象（こと）の概念を直接視覚に訴える記号として表したものなのですから、どう読もうと本来は勝手なのです（それどころかどう読むかが分からなくても意味は取れる場合すらあります）。このことは紙に書かれた犬の絵を見て、いろいろ違う言語を話す人々が口々に〈いぬ、kou, dog, Hund, chien, köpek, canis, sabaka, kyuoon〉などと、それぞれの言語に固有の音声形態（言葉）で発声する情況を想像して下されば直《す》ぐ納得が行くと思います。

漢字の本家の中国では今でこそ教育がここ数十年で急速に普及したため各地の異なった言語的背景をもつ人々の中にも共通語が理解できる人がかなり多くなりましたが、毛沢東が国家主席だった頃は、人民大会での彼の演説を聞いてそのまま分かる地方からの代議員は余りいませんでした。代議員たちは配られた演説の印刷原稿を見て、それをそれぞれの方言や言語で理解した、つまり書かれてある漢字を自分流に読んでいたのです。

ところで日本人が一つの漢字を二通りに読む習慣を持っているということは、日本人はある一つの概念を同じ漢字を媒介にして外国語と日本語の二通りに音声化する習慣を持っているということで、これが次に述べるようにとても便利なのです。

ヤーヌス的双面性

古代ローマにはヤーヌス（日本語で双面神）という名をもった、顔が頭の前と後の両方にある面白い神様がいました。その役割は家の門や入り口の番をすることでした。外と内を同時に見張ることができるためです。私は日本漢字の持つ音訓二重読みのしくみを外国で説明するとき、このヤーヌスという双面神を比喩としてよく使いました。と言うのも多くの欧米語で一月を指す言葉（例えば英語のJanuary）に含まれているjan-はjanusつまりヤーヌスであって、一月は去年と今年を同時に見渡せる位置にあるから〈ヤーヌス神の月〉と呼ばれたわけですが、たいていの欧米人はこのことを知らないので、驚くと同時にヤーヌスのどこが漢字に関係があるのかと興味を示すからです。

ここで一つの漢字、例えば〈水〉が表す概念を、できるだけ言葉や文字としてではなく、難しいかもしれませんがイメージや情景の形で頭の中に思い浮かべてください。日本人は時に応じてこの水の概念を、日本語で〈みず〉と音声化したり外国語（古代中国語）で〈スイ〉と音声化することに、小さいときから慣らされているため、水という漢字（双面神の頭）を見たとき、時と場合に応じて〈スイ〉（前の顔）と言ったり〈みず〉（後の顔）と言ったりするのです。

ところが小さいときから漢字に親しむことが少なくなった今の若い人たちは、この〈スイ＝水＝みず〉のような双面神型の等式が頭の中にしっかりと出来ていないから、漢字の音訓二重読みはひどく負担になるのです。ですから小さいうちに殆ど無意識機械的にこの等式が頭の中に出来る環境を取り戻さなくては、日本人の漢字読解能力は低下する一方です。

複雑な鶴のほうが覚えやすい

数年前に亡くなった石井勲という幼児教育の専門家は、意外な事に三歳児が簡単に八百字もの漢字を、何の苦労もなく記憶できることを発見して各方面から注目を浴びましたが、この事実は「漢字は覚えるのが大変だ、子供には負担がかかりすぎるので出来るだけ字画の少ない易しい漢字から学習させるべきだ」といった漢字学習についての通念は根拠が薄いことを示しています。私がこの石井先生の話の中で最も印象に残ったことは、幼児にとって鳥、鳩、鶴といった三つの漢字のうち、一番難しくて覚えにくい字は、字画が少なく易しく見える鳥だということです。何故かと言うと鳥の字が表す対象はこれと言った限定性がなく、スズメ、ツバメ、カラスなどと色々なものが含まれる抽象性の高い漢字だが、鶴という鳥は極めてはっきりした特徴をもち、一度見たら忘れられない強い印象を子供に与えるから、大人から見たら複雑で覚えにくそうな鶴の字が、表す対象が特徴的で具体的であるため最も記憶しやすいという事です。同様にして象という複雑な字も幼児が直ぐ覚える漢字なのです。

私は子供にとっての物事の難しさを、大人の感覚や見方で計ることが如何《いか》に危険かをこのことから学びました。これが理解できれば、幼児にとって一番難しい漢字は一だといわれてもなるほどそうだろうなと納得できるのです。大人は字画の最も少ない一こそ漢字学習の基本であり最初に教えたらいいと考えますが、実は一という具体物はなく、この字は大変に抽象度の高い概念を表しているのですから幼児には難しいのです。

漢字の訓読みを止めると……

前に触れたように文化人類学者の梅棹氏は漢字を訓読みにすることを一切止めたら、日本語はすっきり表記できるようになるのだがという意見をお持ちです。その結果日本語はどうなるのかといえば、一例を挙げると葉という漢字はいつもヨウとだけ読んで〈は〉とは決して読まない、リョクという発音の言葉は漢字で緑と書かれるが、〈みどり〉とは関係がない、そしてソという音は素と書くが〈もと〉とは読めなくなるのです。

ところがこのように訓、つまり双面神の片面と、元来は外国語式の読みである音というもう一つの面とのつながりを断ち切ってしまうと、漢字および漢字音、つまり音読みは日常的な日本語との意味上の対応を失って、完全な外国語となってしまいます。その結果日本語の中にたくさんある漢字語は一般の人にとって、今のように、見てその大体の意味を想像することが出来なくなってしまうのです。猿人という字に出会っても、これを〈さる、ひと〉とは読めないのですから、漢字を専門に勉強した人たちだけが理解できる高等な言葉となってしまうのです。まさに英語でギリシャ語やラテン語から出来ている高級語彙、例えばpithecanthropeの意味が一般の人には皆目見当がつかないのと同じ状況になるのです。

すべてのことには良い面と悪い面があります。漢字の音訓二重読みには多くの人が非難するような困った点があることは否定できませんが、私はそれは悪いことばかりでなく、英語などには見られないような日本語の均一大衆化を助けているのは他ならぬこの煩雑で不合理だと思われてきた言語習慣なのだという考えです。

三　ラジオ型言語とテレビ型言語（1）

世界には文字の読めない人が多い

この章の冒頭で指摘したように現在世界では約六千種もの多様な言語が用いられています。しかしこのような驚くべき数の様々な人間の言語は、あとで説明するように全てラジオ型の言語として、一括して考えることが出来る性質のものなのです。ところが私たちの日本語だけが何と唯一の例外で、ラジオ型ではなくむしろテレビ型の言語と考えるべきだというのが私の年来の主張です。このテーマは大変重要である上に、やや込み入った説明が必要なので、二回に分けて取上げることにしました。

さて、ある言語がラジオ型であるということの意味は、その言語がラジオのように音（音声）だけで十分な伝達ができるということです。それは音の中に全ての必要な情報が含まれているからです。ですからこのような言語の場合は、文字がなくても互いの伝達には支障がありません。確かにそのつもりで調べてみると、世界の極めて多くの言語は近現代に至るまで文字表記を持ちませんでしたし、今でも文字を持たない言語は沢山あります。また文字のある場合でも、そのことと無関係に音声言語だけで立派に社会生活を送っている人（俗にいう文盲者、あるいは機能的文盲者）が、数多く存在する言語も少なくありません。このような点を突いて成立したのが前世紀の中ほどまでアメリカ全土をくまなく風靡《ふうび》した構造言語学なのです。

音声だけが言語の全てである

私が初めてアメリカのミシガン大学に留学した一九五〇年頃のアメリカの言語学界は、〈言語とは音声だけであって音声の中に言語の全ての秘密が隠されている〉と考える行動主義的な構造言語学一色でした。そしてこのような考えが生まれた背景には、アメリカ大陸の先住民の言語が、後からこの土地に侵入してきたヨーロッパ系の人々にとっては全く理解できないタイプのものであって、旧世界のどの言語の知識も理解の役に立たないこと、さらに先住民たちがいかなる文字をも全く持っていなかったことがありました。だから新大陸の言語学者の間には、文字がなくても言語は立派に成り立つのだという強い信念が生まれたのです。当時構造言語学のバイブルとまで称揚された本にL・ブルームフィールドの*Language*という本があります。その中で著者は〈文字というものは人物を写した写真のようなもので、写真をどう写されようと人物に全く変化がないのと同じく、どんな文字を使おうと言語そのものは全く変化しない〉といった趣旨のことを述べています。

このように当時のアメリカ言語学は言語の行動主義的な記述が中心であったために、なんと言葉の意味という大切な研究領域までも、客観的に観察できないという理由で言語学の研究対象から除外していたのです。ですからそれまで旧世界の伝統的言語学に親しんできた私の目には、アメリカの構造言語学がとても薄っぺらなものに見えて仕方がありませんでした。

ところが言語は音声だけであって意味などは言語学の領域に入らないというこの考えは、やがてN・チョムスキーの変形生成文法が登場すると、まるで日が昇った途端それまであたり一面に立ち込めていた霧がスーッと消えるようにあっけなく消滅してしまいました。しかし構造言語学が執拗《しつよう》に主張したもう一つの考え方、つまり文字は言語の影か写真のようなもので、言語の実体とは無関係な単なる記憶補助の道具でしかないという考えは多くの人の頭にしっかりと残ってしまい、今でもその影響は色々なところに見られるのです。

日本語では文字も言語の一部

日本では今述べた二十世紀前半のアメリカ言語学における文字軽視の考えが、敗戦と共に占領軍GHQの文教政策担当者によって持ち込まれ、それが一部の識者の明治以来唱えて止まなかったローマ字礼賛の声と相まって、文字は記憶補助の手段に過ぎず、言語にとって本質的なものでないのだから、文字は簡便で覚えやすく、その上国際性のあるものが好ましいという気運が、戦後の言語問題に携わる人々の間に広く醸成《じょうせい》されてしまいました。そこで近い将来の漢字全面廃止までの当座の用を足すためという限定された目的の当用漢字の設定や、日本語のローマ字化を視野に入れた小学校へのローマ字教育の導入などが、たいした混乱や反対もなく実行されたのです。そしてその後日本語の文字表記の問題は、社会教育を含めた教育問題という形では国語審議会や関連の教育審議会などでしばしば取り上げられてきましたが、文字というものを言語学者が正面から立ち向かうべき、言語の本質にかかわる重要なテーマとして考える学者、研究者は殆どいなくなってしまいました。

しかし私はこのようなアメリカの言語学者の説を鵜呑《うの》みにして、文字は言語の実体とは無関係のものだと考える日本の学者にたいしては無性に腹が立ってなりませんでした。当時まだ年若い学生であった私は、理論的にはっきりと示すことは出来なかったけれども、直感的に日本語の文字と音声の関係は英語などとはかなり違う、このことを今にちゃんと言語学的に解き明かしてみせるぞと心に決めたのです。

私はその後日本語における文字と言語の関係を研究テーマの一つとして途切れることなく長年調べ続け、一九六二年に*A Semantic Analysis of Present-day Japanese with Particular Reference to the Role of Chinese Characters*（慶應義塾大学）を出版しました。そして更に『日本語と外国語』（岩波新書、一九九〇年）では日本語における漢字の役割を、英語やドイツ語の語彙の仕組と比較することで、これまであまり明らかでなかった日本語の視覚的特異性を明らかにしました。これらの研究が私の「日本語はラジオ型ではなく、テレビ型の言語だ」という考えの裏付けとなったのです。

日本語には同音語がとても多い

私たちが毎日使う日本語の中には彗星と水星、科学と化学のように、意味が似ていてしかも同じような話題や文脈の中で用いられるため、時としては混同されることもある同音語が少なくありません。中には〈はいすい〉という音声が排水、廃水、配水といった三つの関連した、しかしそれぞれ別の言葉であるような場合さえあります。でも私たちは余りにも多いこのような紛らわしい同音語にすっかり慣れてしまっていて、このような現象が実は世界の言語のなかでは先ず類例のない、極めて特殊なものなのだということをはっきりと自覚している人は、言語学者にも殆どいません。もちろんどの言語にもいくつかの同音語は存在しますが、それらは日本語の場合のように類似した文脈、混同される恐れのあるような場面には先ず絶対に出て来ることはありません。同音語というものは日本語以外では互いの意味が全く無関係のときだけ存在を許されるものなのです。

このことを初めて明確に指摘したのはフランスの言語地理学者H・J・ジリエロンでした。彼は様々な実例にもとづいて、ある時点まで別々の形、つまり異なった音声形態をもっていた二つの語（言葉）が、何かしらの音韻変化のために全く同一の形（つまり同音）になりそうになったとき、この二つの言葉は、それぞれの意味が互いに全く関係なく、その上用いられる文脈も違うため、耳で聞いて混同される恐れのないときは共存できるが、混同される恐れのある場合は、どちらか一方の語が必ず姿を消すという法則を見出したのです。これは「同音衝突回避の原理」として広く知られています。

でもこのことは考えてみれば当然で、世界の言語は一般的に言ってラジオ型、つまり伝達される情報のすべてが音声の中だけに含まれているのですから、音声は同じだが意味は違うなどと言われても、両者を区別する手がかりがどこにもない以上、英語の bat（こうもり）と bat（バット、棍棒）などのように、余程違う文脈で用いられる言葉以外に同音語は成り立たないわけです。

同音でも文字表記が違えば大丈夫

ところが水星と彗星などの場合は、どちらもよく話題になる天体の名称で、ちょっと話を聞いただけでは一体どちらの星が問題になっているのかが分からないほど、意味内容にも類似した点のある同音語です。そこで私たちはよくどっちの〈すいせい〉ですか、箒星《ほうきぼし》の方ですか、それとも惑星の方ですかなどと訊ねたりします。同じように科学と化学の場合も、化学の方を化け学などと言うことで、どちらの〈かがく〉かをはっきりさせることがよくあります。ですからこのような同音語は音声のレベルでは衝突していることが誰の目にも明らかですが、それでもどちらか一方が使われなくなるわけではなくて、両者ともちゃんと生き残っています。これは一体どうしたことでしょうか。そのわけは私たち日本人にとって言葉とは、ラジオのように音声が全てではなく、多くの場合文字表記（漢字）の映像も加わっている複合体だからです。

いま私たち日本人はある言葉を聞いたとき、殆ど無意識にその言葉がどのような字で書かれているのかを思い浮かべるのです。同音語の場合はなおさらで、音が等しいいくつかの漢字を思いだして、目下の話の内容に一番合致する漢字を正解として選んで、話を理解しています。ということはどこにも実際には書かれていない文字の、頭の中に記憶された映像を見ているのです。このことが私の言う日本語は話の理解を音声だけに頼るラジオではなくて、音声に文字の映像が加わって伝達が行われるテレビだということの意味なのです。

失語症研究の権威の一人である笹沼澄子博士は在米中の臨床研究の経験から、漢字という表意文字と表音文字である仮名とを混用する日本人と、表音文字のアルファベットだけを使うアメリカ人の失語症患者の症状の違いについて、次のようなことを明らかにしました。それはある発音された言葉を認識できなくなったアメリカ人の患者は、その言葉をアルファベットで紙の上に綴って見せてもやはり認識できない。ところが日本人の多くは音声のレベルで認識できなかった言葉でも、ひとたび漢字で書かれると、それがなにを意味するかが理解できると言うのです。このことは日常の言語伝達を日本人は大脳の二箇所、つまり音声処理と映像処理の部分を同時に使いながら行っていることを示しています。

ですから日本人にとって言語とは音声が全てではなく、漢字の映像という視覚的な要素もその重要な一部をなしているので、たとえ音声面が全く等しくても映像の部分、つまり文字表記が違えば言葉全体としては別物になるのです。だから音声の全く等しい同音語がラジオ型の言語のときのようにそれだけでは衝突しない、つまり両立するのです。ですから日本語の表記をいますぐ仮名やローマ字といった表音文字だけにすると、文字の映像を失った日本語はあとで説明するような音声上の厳しい制限のために、大混乱に陥ること間違いありません。

日本人は同音語が大好き

現代の日本語に、と言ってもそれは殆ど漢字語だけのことですが、なぜ同音語が多いのかの最大の理由は、同音の漢字が矢鱈《やたら》とあるからです。そしてなぜこんなにも同音漢字が多いのかは、日本語の音韻組織が古代中国語に比べてとても簡単なため、元来は別々の音をもっていた沢山の漢字が、日本語に入ると同じ発音になってしまったからです。学習用の小さな漢和辞典でも、例えばコウの読みのところに坑、光、皇、鋼、港、降、高、功、鉱、紅、黄、工、甲、幸、項、広……と何十という漢字が並んでいます。ですから、簡単に興行、工業、興業、鉱業、功業、あるいは紅葉、黄葉、広葉、硬葉といった、音だけでは区別できない、しかも意味が近い同音語が生まれてしまうのです。

でも私の見るところ日本人は、同音語のために時には誤解したり戸惑ったりすることがあるのに、だからと言って同音語を意識的に排除しようとはしないで、むしろ同音語を楽しんでいるのではと思われるふしがあります。新しく造語をするとき、例えば水遊びの施設のある遊園地だということを示すために遊園池としたり、お城を見学するときの料金をただの入場料ではなく入城料にしたりするなど、同音語になることを避けるどころか、わざと同音語を作って楽しんでいるようです。そしてこれを見た人も〈いい得て妙なり〉という印象を受けるのです。もう今では流行《はや》らなくなりましたが、一時は娯楽番組の司会者などが相手の見当違いな答えを、名答にかけてご迷答と言って聴衆の笑いを取ったのも同音語による言葉遊びです。ですから日本語で同音語は偶然の結果であるというより、わざと作られさえするのです。しかしこのようなことが出来るのも、人々の頭の中にかなりの同音漢字のストックがあるからこそなのです。

日本語がテレビ型の言語だということは、これまで平均的な日本人が基本的な漢字教育を学校で受け、それが社会生活の様々な場面での、具体的には新聞や本だけでなく、店の看板や各種の標識、商品の名や人名そして会社名などを読むことといった幅広い漢字教育に支えられて成立していたものなのです。ですから今のようにローマ字やカタカナ語があらゆる言語生活の面に広がり、しかも文字離れ活字離れで本もあまり読まなくなると、いまにこの日本語のテレビ機能が巧く働かなくなるおそれがあります。それに対して、それで一向に構わないじゃないか、外国語は皆ラジオ型なのだからなおさらだ、何しろ国際化の時代なんだからと言う人が多いと思います。でも次節で取上げる日本語の持つ音声上の厳しい制約と意味の仕組の抽象性を考えると、日本語は漢字の映像の助けなしに音声だけで、いまのような高度な文明社会を支えてゆけるだろうかという問題があるのです。

また言語学に少し知識のある人の中には、オスマン帝国消滅後に生まれたトルコ共和国が、アタチュルクのもとで文字改革を断行し成功を収めた例を挙げて、日本でも文字改革は必ずしも不可能ではないのではと言う人がいます。しかしトルコの場合は当時国民の識字率が極めて低かったという言語社会学上の好条件があっただけでなく、アラビア文字という基本的には表音文字である表記から同じく表音文字であるローマ字に変えたのですから、その際転写に伴う幾多の細かい問題は勿論《もちろん》ありましたが本質的な困難はなかったのです。むしろトルコ語では八つもある母音がアラビア語では僅か三つしかなかったために生じていた表記上の困難が、ローマ字化によって解決されるなど多くの利点があったのです。

日本人は言語に限らず、自分たちが親しく接しているごく限られた西欧の言語や文明が世界の標準的なもので、それに日本固有のものを近づけることが進歩であり望ましいことであるという信仰に近い考え方を明治以来持っていますが、それでは全ての西欧の国がローマ字かというと、いまだにギリシャは独特のギリシャ文字を使っていますし、アルメニアも固有のアルメニア文字です。またロシア語はローマ字とはかなり違うキリール文字を使っていて、これまでロシアの影響の強かった中央アジアの諸国も殆どがキリール文字の通用圏です。

自分たちの言語に固有な仮名漢字を無理して棄ててまで、自分たちの勝手に考える〈国際標準〉に近づきたいと思うこの日本人の態度と、まさに正反対の生き方に固執する民族はユダヤ人です。第二次世界大戦後、無理に無理を重ねて自分たちの国を作ったユダヤ人は、二千年もの間死語であった母語を、苦心して復活させるという奇跡に近いことまでやってのけたのです。そしてその文字として何と古代のヘブライ文字を使うことにしたのです。この文字が世界のどの文字とも違う独特なものであるのにもかかわらず、あえてこの文字を採用して国際性など微塵《みじん》も顧慮しないこの態度は、自分たちの便利を犠牲にしてまで〈国際標準〉に近づくことを望む日本人が、深く反省してみるに値する人間の生き方だと思います。このような点はこれまで漢字廃止、ローマ字採用の日本にとっての利益を説いた人々が全く触れることのなかった、日本語と日本文化の本質と深い関係があるので、次節で改めて詳しく取上げることにします。

四　ラジオ型言語とテレビ型言語（2）

音声面が貧弱な日本語

前節において私は、日本語以外の全ての言語が情報伝達を音声のみに頼るラジオに喩《たと》えられるとすれば、日本語は多くの場合、音声と映像の両者を必要とするテレビの性質を持つ言語だということを述べました。今度はそれではなぜ日本語がこのような、ある意味では複雑（ということは装置としては高級）な仕組を持つことになったのかの言語学的な理由を考えてみることにしましょう。

人間の言語は文法、語彙などの点で思いもよらぬほどの多様性を示すものですが、それが利用する音声の種類やその使い方においても目を見張るほどの変化があります。私たちに馴染みの深い英語やドイツ語、フランス語には異なった音、つまり音韻（音素）

の総数が、それぞれ四五、三九、三六もあって、それが僅か二三しかない日本語と比べると遥かに豊富です。何よりも先ずこの点に、音声から見た日本語の言語としての最大の弱点があります。というのも私たちが話をするとき短くて使いやすい沢山の言葉があれば、効率よく会話をすることができることは誰の目にも明らかですが、そのためには異なった音韻の数が多いほど都合がいいからです。しかもこのようにただでさえ音韻数の少ない日本語では、後で説明するように、音韻と音韻を組み合わせる仕方までがとても限られているため、短くて使いやすい一音節語の数が驚くほど少ないのです。

よく知られているように日本語では音節を子音で終わることができません。ですから例えばkで始まる、今使われている〈か〉行の単音節語は、か〈蚊、可〉、き〈黄、木〉、く〈九、苦〉、け〈毛、気〉、こ〈子、粉〉ぐらいしかありません。この制限に加えて日本語では英語を初めとする多くのヨーロッパ語のように語頭、つまり言葉の始まりで子音を二つ三つと重ねることも許されないのです。そのため英語で一音節の street の様な一気に発音できる語は、日本語に入るとストリートと五音節の間延びした言葉になり、strengths といった音の複雑な、それでも一音節語である言葉を日本語で書くと、ストレングススと七音節の長たらしい語となってしまいます。そこでこのような単音節語の仕組に焦点を当てて、日本語を英語、そしてドイツ語と比べた場合どうなっているかを次に一覧表で見てみることにしましょう。

音節構造の比較

次ページに掲げる一覧表は、ドイツ語と英語にはいくつの異なった単音節の型があるのかを示したものです。

これで見るとドイツ語には母音と子音を組合せて単音節をつくるのになんと二三通りものやり方が可能で、英語はそれが十九通りもあることが分かります。そして前にもいったように異なった音韻の総数がドイツ語は三九、英語は四五もあるのですから、それぞれのV〈母音〉やC〈子音〉に様々な違った音韻が入ることによって、驚くべき数の単音節語ができるのです。ドイツ語に実際いくつの単音節語があるのかは未詳ですが、英語の場合は三千近くもあることが分かっています。

ところがこれらの言語に比べて日本語の音節の種類はたったの二つで、VとCV、つまり母音だけか子音に母音が一つ付いたものしかないのです。ですから単音節の語はとても数が少ないことになります。め（m＋e）の場合で言うと、これを漢字で書けば、目、芽、女、雌、布のような同音のいくつかの言葉になりますが、音声だけのときはどの〈め〉だか分からないことがあるので、多くの場合、木の芽とか乙女、雌《め》蕊《しべ》、若布《わかめ》のように合成語や複合語にして使われます。つまり純粋の単音節語としては不安定なのです。

もし日本語がＣＶＣのように音節を子音で終わる事が出来れば、たとえば目は*mek、

単音節の構造

ドイツ語

	型式	語例
1	V	Ei(卵)
2	VC	in(中で)
3	VCC	Art(種類)
4	VCCC	Obst(果物)
5	VCCCC	Ernst(真面目)
6	VCCCCC	impfst(種痘する、2人称形)
7	CV	da(そこ)
8	CVC	Tor(門)
9	CVCC	Bild(絵)
10	CVCCC	Furcht(恐怖)
11	CVCCCC	Herbst(秋)
12	CVCCCCC	kämpfst(戦う、2人称形)
13	CCV	Schnee(雪)
14	CCVC	Brot(パン)
15	CCVCC	Schrank(戸棚)
16	CCVCCC	Brunst(情欲)
17	CCVCCCC	schrumpft(しわが寄る、3人称形)
18	CCVCCCCC	schrumpfst(同上、2人称形)
19	CCCV	Stroh(麦わら)
20	CCCVC	stramm(きちっとした)
21	CCCVCC	Strand(浜)
22	CCCVCCC	Strumpf(靴下)
23	CCCVCCCC	pfropfst(栓をする、2人称形)

英語

	型式	語例			
		[i]	[æ]	[ij]	[aj]
1	V	……	a*	……	……
2	VC	in	at	E	I
3	VCC	ink	ant	eat	ice
4	VCCC	inks	ants	east	isles
5	VCCCC	……	……	easts*	(asks)
6	CV	……	……	……	……
7	CCV	……	……	……	……
8	CCCV	……	……	……	……
9	CVC	pin	pat	sea	my
10	CCVC	spin	spat	tree	spy
11	CCCVC	split	sprat	spree	(stray)
12	CVCC	pink	pant	meet	kite
13	CVCCC	pinks	pants	meets	kites
14	CVCCCC	jinxed	calxes	……	……
15	CCVCC	spilt	spank	speed	spike
16	CCVCCC	spilts	spanks	speaks	spikes
17	CCVCCCC	glimpsed*	(twelfths)*	……	……
18	CCCVCC	sprint	strand	street	spright
19	CCCVCCC	sprints	strands	screams	strikes

*例外的なもの。(　)補充例。

芽が*mes、女が*met、雌は*men、布は*memといったように、互いに混同されることのない多くの言葉が可能となり、単音節語が一気に増えます（＊は実際には存在しない言葉であることを示す記号）。このことは英語のＣＶＣ型の単音節語がすぐには数え切れないほどあることを見ても分かります。このようにただでさえ音韻の総数が少ない上、母音で終わる開音節しか許されないということは、短くて使い易い語が少ないこととなり、互いの混同を避けるためには音節を二つ三つと重ねる必要がでてきて、その結果一語が長くなってしまいます。ところが長い語は使いにくいため、会話などではそれを短く省略しようとする力が働くので、日本語では耳で聞いただけではすぐには分からない意味不明の言葉や同音語が増えてしまい、伝達効率が下がるという結果になるのです。

実はこのように音節の変化多様性が極めて乏しいため、日本語では言葉が長たらしくなるという弱点を、かなりの程度まで補っているのが視覚に訴える文字なのです。このことは起源が外国語である漢字の場合に更にはっきりしてきます。日本語の中の漢字の発音にはキンやコウといった二音節のものが多いのですが、キンの音を持つ漢字は日常使われるもので約二五、コウとなると驚くなかれ約九十もあるのです。ですからこれらの漢字を含む言葉には、耳で聞いただけではどうにも区別の仕様のない同音語が沢山あるのは当然なのです。しかし文字で書かれたものを見れば殆どの場合疑問は解消します。コウギョウと聞いただけでは何を指すのか分からなくても、字を見ればそれが前にいったように工業、鉱業、興業、鋼業、功業、興行のどれかが瞬時に決定されるからです。このように現代の日本語では音は言葉の半分でしかなく、残り半分はそれを表す文字の映像なのです。

和語の動詞は抽象的

私たちの使う言葉の中にはとても個別具体的な意味内容をもつものと、どちらかと言えば包括的抽象的なものが混在しています。しかしこの具体的とか抽象的という言い方は様々に解釈できるものですから、ここで私がどのような意味で使おうとしているのかを実例で示しましょう。かつてスイスの言語学者シャルル・バイイはドイツ語とフランス語の語彙の意味の比較を行ったことがあります。その結果彼は、〈人が位置を移動させる〉ことをどれも意味内容として含んでいるドイツ語の gehen と reiten、そして fahren のような動詞は、それらすべてに対応するフランス語の aller という動詞に比べて、意味内容がはるかに具体的だというのです。

どういうことかと言えば、ドイツ語のこれら三つの動詞はみな〈人が位置を移動させる〉という意味に加えて、その移動の手段までをそれぞれ含意しているため、内容が個別具体的なのです。たしかに gehen は人が足を使って移動することを指し、reiten は移動手段が馬であり、fahren は何かしらの乗り物に乗って人が移動することを意味する動詞です。ところがフランス語の aller という動詞は、〈人が位置を移動させる〉ことだけを意味して、どんな方法で移動するのかという点は、aller à pied〈足で〉とか、aller à cheval〈馬で〉とか aller en voiture〈乗り物で〉のように説明を別に加えるのです。つまり aller それ自体は細かで具体的なことは何も言っていないという意味で抽象的だと言うのです。

私が日本語の和語の動詞は概して抽象的だと言うのは、まさにこのバイイのいう意味でなのです。例えば〈行く〉はフランス語の aller と同じく〈人が位置を移動させる〉ことを意味しますが、移動手段や様式については何も言っていません。そこで少し詳しく言いたければ〈歩いて行く〉〈走って行く〉とか〈自転車で行く〉〈ボートで行く〉といった具合に説明を加えなければなりません。

ここで〈なる〉という動詞を考えて見ましょう。これは何かが振動した結果生まれる音すべてを指すことの出来る意味の広い言葉です。太鼓や笛のような楽器は鳴りますし、風、鈴、弓と様々なものも鳴ります。海鳴り、地鳴り、そして空腹でお腹が鳴ったりもします。つまり日本語では〈無生物が振動して音がでる〉ことをすべて〈なる〉というのです。そしてこの動詞も何がどのように鳴るのかについての具体的な情報は一切含んでいません。だからこの〈なる〉は意味がとても抽象的といえます。

そして〈なる〉に密接に関係する動詞が〈なく〉で、こちらは無生物ではなく広く生物一般（人、鳥、犬、猫そして虫など）が音を出す行為をみな指すことができる矢張り抽象性の高い動詞なのです。この動詞も何がどのように〈なく〉のかといった具体的な情報を含んでいませんから、具体的な描写をしたければ〈犬が悲しそうにヒュンヒュンないている〉などと説明を加える必要があります。その結果どうしても描写が長くなってしまうのです（ただし人間が言葉という音声を発する場合には、〈なく〉ではなく〈言う、喋《しゃべ》る、語る、話す、歌う、叫ぶ、囁《ささや》く、呟《つぶや》く〉などの具体的な内容を持ついくつかの語があります）。

意味の広いこの〈なく〉を英語の対応語と比較してみると、なき声がどの生物によって発せられるものか、どのようになくのかについて、はっきりした内容を持つ数多くの動詞があることが分かります。たとえば犬については bark, howl, whine などそれぞれ独特ななき方を表すもの、そして子犬がうるさくなく yap などがあり、それだけで追加的な説明がなくても、なき声を出す主体となき声の様態が何か分るのです。同様に neigh, whinny（馬）、moo, low（牛）、bray（ろば）、bleat, baa（羊）、meow, miaul（猫）、oink, squeal（豚）、squeak（鼠）、croak（蛙）などは動物の種類によって動詞が決っているので、何が声を出しているかを説明する必要がないから、短くて簡潔な表現ができるのです。また鳥の場合でも cry, shout, sing のような意味が広くて人間と共通のものもありますが、cackle, caw, chirp, coo, crow, hoot, honk, mew, pipe, quack, screech, toot, warble といった、どんな鳥がどのように声を出しているのかが直ぐ分かる単音節動詞が沢山あります。私はこのような調査の結果、日常的に用いられる英語の動詞は非常に個別的な性質を持っているものが多いとの結論に達しています。

和語の形容詞も抽象的

英語には、同じ〈かたい〉でもそのかたさの性質によってさまざまな形容詞があります。たとえばclose, fast, firm, hard, stiff, stark, tight, thick, toughなどは、どれも場合によっては日本語で一応〈かたい〉と訳すことができるけれども、それぞれ性質の違う〈かたさ〉を表す個別具体的な内容をもつ形容詞なのです。

これに対して日本語の〈かたい〉という形容詞は〈外力を加えても形が変わりにくい〉というかなり漠然とした意味内容を持った言葉です。ですから石、ガラス、鉄、コンクリートに始まり、食べ物では御飯、かきもち、豆、そして嚙み切りにくい肉やするめまでも〈かたい〉で形容することができます。また決心、守り、頭なども〈かたい〉と言うことができますが、これらは反対、攻撃、教えといった外からの力を加えても元の状態が変化しないときに用います。このように日本語では何がどのように〈かたい〉のかは説明を加えなければ明らかにはなりませんから、それだけ発話が長くなります。

このような抽象的な意味内容はそのほかの形容詞、例えば〈大きい〉、〈小さい〉などでも同様なことが、英語の対応語big, great, gross, huge, largeなどと比較してみると言えますが、日本語の持つこのような弱点は適当な漢字を使うことによってかなり補えるのです。例えば〈かたい〉は普通、固い、堅い、硬い、難いなどと違った漢字で書かれますが、このような漢字は英語の形容詞の場合のように、どんな種類の〈かたさ〉なのかをある程度区別してあらわす具体性をもっています。そこで私たちは〈かたい〉という音声で〈外力を加えても形が変わりにくい〉という広い意味を示し、それが目下どのような〈かたさ〉なのかを適当な漢字で表現しているのです。

よく和語の語彙が現代日本語で貧弱になってしまったのは、明治以後漢字が不必要にのさばったからだと言う人がいます。確かに農業関係の用語などでは、〈たねをまく〉ですむところを〈播種《はしゅ》〉といったり〈こやしをやる〉を〈施肥《せひ》〉と難しくいうなどの漢字語の乱用が見られますが、これはいまの日本のインテリがやたらと訳の分からない英語を使うのと同じ心理です。ただ私に言わせれば播種や施肥などは、書いたものを見ればその意味が大多数の国民に漢字の持つ音訓二重性のおかげで理解できるのに、難しい英語は多くの人にとっては、たとえ書かれても、ちんぷんかんぷんだという意味で、はるかに罪がなかったのです。つまり何時の時代でも込み入った難しいことを新しく言おうとすれば、意味と音声の両面できつい制約をもつ和語だけでは長たらしくて不十分だと考えられてきたのです。

目と耳の能力の違い

昔、英国で初めて蒸気乗合自動車が大きな音と共に街中を走り出したとき、客を奪われることを懸念した馬車屋の組合が、自動車のスピードを制限するために赤旗条例（一八六五―一九六〇）として知られた規制を、当局に三十年間も実施させたことがありました。それは自動車のブレーキが不完全ですぐには止まれないから、危険な車の来ることを人々に知らせるために赤旗を持った男が乗合自動車の前を走るという規制でした。このため人間より遥かに速く走れる能力のある車が、人の走る速さに抑えられてしまったのです。

実はローマ字や仮名といった表音文字で音声言語を書くということは、その文字の種類に拘《かかわ》らず、この赤旗の後ろを走る車と同じことをしていると言えます。と言うのも目という器官は耳よりも何百倍も優れた情報解読力をもっているからです。この折角優れた解析能力を持っている目で、能力の劣る耳のための限られた音声情報を、そのままなぞっている表音文字を読むということは、目の持っている能力をうんと低く抑えて使っていることになります。表音文字が音声をなぞっているということは、失語症で音声認識が出来なくなった患者は表音文字でその音声を書き表したものも理解できないことからも明白です。しかし英語のような、音声の持ち駒が豊富で、使いやすい簡潔な語をいくらでも作れる恵まれた言語ならば、何も視覚に頼らずとも音声だけで十分な力を発揮できますから、表音文字で一向にかまわないのです。

ところが日本語は違います。すでに説明したような、日本語が宿命として持っている、この上もなく厳しい音声上の制約と意味論上の貧弱さを補って十分な情報を提供できるためには、漢字という、音声情報を超える更なる情報を、それも視覚に訴えるものを含んでいる表記を利用することが不可欠です。この意味では日本の隣に漢字を作り出した人々が古代から高度の文明を持って住んでいたことは、日本にとってまことに有難いことだったのです。日本の文化文明が漢字から多大の恩恵を受けてきたことは余りにも明白な事実です。以上説明したような理由で、現代社会が必要とする細かで具体的な情報を簡潔に表現するためには、ローマ字や仮名のような表音文字だけでは日本語は巧く機能できず、聴覚と併せて視覚をも利用するテレビ型の言語となっているのです。

第二章　言語が違えば文化も変わる

一　虹にはいくつの色があるのか

本当に七色？

雨あがりの空にかかる美しい虹にはいくつ色があるでしょうかと訊ねられれば、殆どの日本人は今でも「七つに決っているじゃないか」と答えると思います。確かに〈七色の虹〉または〈虹の七色〉といった言い方は様々なところで聞かれますし、デザインや装飾にも七色の虹を使ったものがよく見られます。またどんな小さな国語辞典でも虹の項には必ず七色との記載があり、なかには赤橙黄緑青藍紫（せきとうおうりょくせいらんし）と色名を全て列記したものまであります。こうしてみると虹は七色だということは日本人の常識と言ってもいいでしょう。

ところが日本人が諸外国のなかで言葉も文化も最もよく知っているはずのイギリスや

アメリカでは、人々が虹を絵に描くとか、詩や歌の中で取り上げる場合、虹はなんと六色のものとされることが殆どなのです。このことは私が三十年ほど前に論文（注1）で取り上げるまでは、日本の英語関係者の間ですら気付いていた人はいませんでした。その証拠に明治以来大小様々なものが出版されてきた英和辞典で、私の論文発表以前には虹の色の数に直接ふれたものが唯の一冊もなかったのです。そしてこの点は日本で出版されたフランス語やドイツ語、そしてロシア語などの辞書の場合も同じで、日本の虹の色との数の異同に言及したものは、私の調べた限りありませんでした。日本語では七色と決まっている虹が、外国語ではそうでない場合があるなど誰も考えさえもしなかったのです。

英語では六色だった

私は戦後間もない一九五〇年に米国のミシガン大学の大学院に留学したとき、文化人類学という当時の日本にはまだ知られていなかった新しい学問分野の講義に出たことがあります。そこで学んだことの一つは、地球上にくまなく分布しているさまざまな人種や民族に固有の文化が、時として自分たちには全く理解できないような、奇妙で馬鹿げたものに見えることがあるが、そのことは決してその文化が劣っているとか遅れているということではないというものでした。その一つの例として虹の色の数は言語によって同じではなく、英語では六つだが、それが四つ、いや僅か二つだとする言語さえあることがあげられたのです。

これを聞いた伝統的日本文化を身につけたものとしての私の反応は、「へー、不思議なことがあるものだな、英語で虹の色が七でなく六というのでさえおかしいのに、それが四つだ二つだなんて、目がどうかしてるんじゃないの」といった不信の混じった驚きで、それ以上あまり深く考えず、いつの間にか英語で虹は六色だというこの先生の指摘もすっかり忘れてしまったのです。当時私の関心はまだこの方面に向いていなかったためでしょう。

ところがその二十数年後に、私は色彩を表す言葉は文化が違えば思いがけない使い方をされることがあるという面白い事実の研究に取り組むようになりました。その際英語において虹の色は一体何色が正しいのかという問題に改めて正面から立ち向かうことになったのです。私の初めの印象ではどうも以前アメリカの授業で聞いたように六であることが多いが、しかし七とされる場合もないわけではないようだという不確かなものでした。

そこで私は得意とする調査法、それはいろいろな研究書に当たることではなく、手当たり次第に虹の出てくる話、小説、歌や詩、そして子供の本にある虹の絵などを探し回って実例を集めることを開始したのです。これと同時に英米で出版されている辞書類の虹の項目も調べあげました。

この文献調査と並行して私は英語の母語話者に会う機会があると、巧く話題を日英米の文化の違いに持ってゆき、虹の色はいくつあると思うかと訊ねることを必ず行いました。このような総合的な調査研究を何年か続けた結果、やっと英米の文化、そしてその忠実な反映である英語という言語では虹の色がいくつなのかに対する私なりの答えを手にしたのです。

民衆レベルでは……

先ず分かったことは、虹を学問的に問題にするのではなく一般人の素朴で自然な受け止め方では、虹の色は六だとする人が多いことです。なぜ多いなどというのかと言うと、英米人は一般的に日本人ほど虹に深い文化的な関心をもたないため、よく知らないなどという答えをする人がいたりもするからです。もう一つの理由は後で述べるように、科学的な文脈で虹が問題になるとき、すなわち学校の授業とか理科の教科書などでは、英米でも虹の色を明確に七とし、それを生徒に覚えさせているので、その影響が成人後も強く残っている人と弱い人で反応が異なるからです。

先ず虹の色を六つとしている例を、主として子供向けのお話や絵本から挙げてみましょう。ヴァージニア・パーソンズ著の *Rainbow Rhymes* という名前の絵本がありますが、絵と短い詩を組み合わせたきれいな色刷りの本で、表紙にはかわいい六人の子供が、虹の橋を滑り台として下りてくる絵が描いてあります。そして本の扉は見開きになっていて、そこに六種の赤、オレンジ、黄色、緑、青、紫の花が一杯に描かれています。そして本文ではこの六種の花の一つずつを取り上げて、短い詩がつけられています。

また *Rainbows* というそのものズバリの書名をもつアメリカで出版された本は、ページ毎に、様々な六色の虹の水彩画が、あるものは即物的にあるものは幻想的に描かれていて、絵の裏側には虹の付く地名、ものの名、歌の名その他虹に関するあらゆることが並べてあります。そこにある詩の一つに次のようなものがあります。

Red and orange, green and blue, shiny yellow, purple, too.
All the colors that you know are found up in the rainbow.

色の順序は乱れていますが全部で六つの色が挙がっています。欠けている色は前のパーソンズの本の場合と同じくここでも藍色《あいいろ》（indigo）です。

先にアメリカの文化人類学の先生が、英語で虹の色は六だと言ったことにふれましたが、この学問は民衆レベルでの物事に対する素朴な認識や率直な価値観などがどうなっているのかを調べる学問ですから、この指摘は正しかったのです。要するに私がここにその一部を挙げた例ではっきりと分るように、英米の庶民レベルの文化を反映する詩や絵での虹は、藍色を欠く赤橙黄緑青そして紫（菫《キン》）の六色なのです。

学校では何と教えている？

私が以上のような調査結果をある論文に発表したところ（注1）、読者の一人から「でもイギリスの小学校の理科の教科書には、虹には七つの色があると書いてあるが」というご指摘を受けたのです。それは *The School Science Review*（一九七七年九月）

という雑誌にTHE ENERGY GAMEという項目があり、そこにあるいくつかの質問の中にName the colours of the rainbowとあって、その答えとしてred, orange, yellow, green, blue, indigo, violetの七色があがっているというものでした。

　しかもこれだけでなく、言葉よりも事柄の説明に重きを置く事典の虹の項目では、その色はプリズムの全色つまり七色であるといった記述がなされていることも分かってきました。このことから、英米人の多くは学問以外の日常生活の場では、虹の色を六だとする文化を持っているが、それを学校では間違いだとして、科学的に正しいとされる七に直そうとする教育的努力がなされていることが分かったのです。それは次のような、子供たちに虹は七色だということを覚えさせるための、言葉遊びの要素をもったいくつかの面白い記憶法があることからも言えるのです。

Richard of York gained battles in vain.

　ヨークのリチャード公は戦いには勝ったが、余り報われなかった、とでもいったこの短文は、口調がいいので子供たちは直ぐ覚えます。そして虹の色は、と聞かれたとき、この文を思い浮かべてそれぞれの語の頭文字に当たる色名を、Richardだからred、ofだからorangeといった具合に次々と思い出していけば、全部を正しく言うことができるというわけです。

同じような記憶法はこれ以外にもいくつもあるようで、その一つにRead of your good books in verse.（いい本は韻文で読みましょう）というのがあります。そのほかに文章ではなく虹の七色の頭文字をつなげたvibgyorという具体的な意味のない記憶語(mnemonic word)もあります。この言い方はどちらかと言うと男子に好まれるとのことです。また私がケンブリッジで教わったものにはRoy G. Bivという架空の人物名によって虹の色を覚えるというのもありました。

といったようなわけで、虹は七色だということを子供たちに覚えさせるために色々な工夫がなされているのですが、このことは、なにもせず自然に放っておくと英米人の大多数は、無意識の伝統基層文化のおかげで、虹の色は六色だとなってしまうことを意味します。ですから正面切って虹にはいくつ色がありますかと質問すると、確か学校で習ったんだけど、いくつだっけなあなどと困ってしまう人がかなりいるのです。

ヨーロッパの他の言語では

英語と並んで日本人に長く親しまれているドイツ語やフランス語では、虹は何色と考えられているかを私が調べたところ、色々と面白いことが分かりました。細かいことは省きますが、ドイツ語を話す人々は多くの場合、虹を五色だとしているようです。私の直接訊ねた限りの人は赤（rot）、黄（gelb）、緑（grün）、青（blau）、そして菫《すみれ》（violett）だと言いました。またドイツ語の辞典で最大のものとされているDudenのドイツ語大辞典での虹（Regenbogen）の説明は、「いくつかに色分けされて輝く弧」となっているだけで、はっきりとした色数がなくスペクトルへの言及もありません。しかしこのほかのいくつかの大辞典や事典では「スペクトルの七色に輝く弧」とスペクトルの色で説明しています。

要するにドイツ語の場合も民衆の伝統的文化は虹を五色としているのに、科学的な影響の強い場面では虹は七色であるとされているのです。そして面白いことに一九八七年に当時の西ドイツで外国人向けに出版された*Deutsch als Fremdsprache*（外国語としてのドイツ語）というドイツ語学習書の表紙には、藍色の欠けたきれいな六色の虹の絵が描いてあるのです。こうして見るとドイツ語圏での虹の色は人によりかなりまちまちである可能性があります。

ところでドイツに劣らず日本人に親しまれているフランスでは、虹の色はいくつとされているのでしょうか。その答えは実に簡単明瞭なもので、日本と同じく何時どこで誰に聞いてもためらうことなく七という答えが返ってきます。またフランスでは英語やドイツ語などとは違ってどの辞書を見ても、はっきりと虹の色は七と書いてあります。これはどうしてかと言うと、私の考えですが、フランスでは学校教育の内容が日本の文部科学省に当たる役所で全国的に統一されていること、またフランス人は何事によらず定義が好きで、虹は七色だということは日本と同じく人々の常識となっているからだと思うのです（ちなみに教育を全国的に統一し統括する官庁のある国は、先進国では日本とフランスだけということも、この二つの国では少なくとも近代以降、虹を七色とする科学的な考え方が定着していることに関係があるかもしれません）。狭いヨーロッパの中でも英独仏三国は互いに隣接していて歴史的にも文化的にも長い相互交流があるのに、虹の色が以上説明したようにそれぞれ五、六、七と違うなどということは、これまでヨーロッパでも話題になったことがないのですから、身近な文化というものが如何《いか》に人間にとって意識されにくいものかということを示す好例の一つと言えるでしょう。

それではこのようなヨーロッパ文化の究極の源泉とされる古代ギリシャやローマの人々は、一体虹にはいくつ色があると考えていたのだろうかなど、まだまだ面白い話が沢山あるのですが、紙数に限りがあるため割愛せざるを得ません。ただ現代ヨーロッパの一部であるロシアでも、虹の色の数は人によってまちまちなのですが、まさに英米の場合と同じく、虹は七色だという正しい事実を子供たちに覚えさせるための記憶法のあることが分かったので、付け加えておきます。それは次のような易しくて具体的な意味を持つ短文です。

Каждый охотник желает знать где сидит фазан.
(どの　猟師も　欲する　知ることを　どこに　ひそむか　雉《きじ》が)

この文を構成するロシア語の単語の頭文字を順に思い出せば、それが虹の七色のそれぞれの頭文字となるのです。

科学的で客観的な事実とは

欧米の学校ではいま述べたように、虹は七色が科学的に正しいから、それを六だ五だなどとする民衆の誤った認識を正す必要があると考えて色々努力しているようですが、七色という数それ自体が果たして科学的で客観的な事実なのでしょうか。この天空にかかる虹と実験室で得られる太陽光のプリズムの分光を同じものとして、そこには七つの異なった色が認められると初めて発表したのはイギリスの物理学者のニュートンだとされています。そしてこの考えはすぐラテン語をはじめとするヨーロッパ各国語で世界に広められました。このことがどこの国でも理科や科学に関係のある事典や教科書では、虹の色は七色とされてきたことの起源だと考えられています。

でもプリズムで得られる虹色の色帯は波長のもっとも長い赤に始まって、順々と波長が短くなり、最後は紫（菫）という最も波長の短い光線で終わる切れ目のない一つの光の連続帯なのです。ですから普通は赤と呼ばれる部分も、目をこらしてよく見れば、初めと中ごろ、そしておわりの部分では色がかなり違います。そして次の橙色（オレンジ色）とされる部分に移行するところにもはっきりとした切れ目がなく、いつの間にか橙と感じられる部分となってしまうのです。つまりプリズムの色帯は離散的ではなく切れ目も段階もない一貫した連続帯に他ならないと言えます。この一続きのものを、見る人のもつそれぞれの文化が、離散的な異なった数の色に解釈するのです。だから二色から七色あるいはそれ以上の違った数が、異なる民族によって虹の色数とされることになるのです。したがって英米の民衆が虹は六色だと考えることと、科学者のニュートンが七だとしたこととは、両者ともそれぞれ文化的な解釈に過ぎないといえます。客観的な裏づけがないという点ではどちらも変わりません。

「虹は七色」が常識でなくなる?

ところで私は章の初めに日本では古くから虹は七色とされていて、このことは日本人の常識だと言いましたが、それは一体何時《いつ》からかとなると必ずしもはっきりしません。西欧文明の影響が全くなかった昔は、日本人は虹を七色よりはむしろ五色（五彩）と考えていたらしいことが、古い文献や古歌などの研究で明らかになってきています（注2）。日本で虹がはっきり七色だとなるのは幕末に西洋の自然科学に親しんだ青地林宗が、あちらの理学書などで虹が七色に描かれているのを見て、これを広めたのが定着したのだという説がありますが（注3）、この辺のところは残念ながら私自身まだ調べができていません。

今から三十年ほど前の一九七八年五月に、当時の郵政省は国土緑化の記念切手として「杉林に虹、足摺岬」を発行する際、デザインの関係で虹を六色としたのです。するとこの図柄を見た人々から虹の色が六色しかない、刷りなおすべきだという批判の声が上がりました。このことから、当時はまだ「虹は七色」が一般の受け止め方だったことが分かります。ところがその僅か十年後の一九八八年、今度は「ふみの日」に発行された記念切手では手紙を運ぶ翼を持った子供が、何と五色の虹を背にしているのです。そしてこの頃東京の東急バスが六色の虹を車体に描いて走りだし、会社の広報課に問い合わせてみると、別に苦情のようなものは来ていないとのことでした。ＮＨＫの子供番組にも五色の虹が登場し始めました。こんなわけですから国際化が急速に進み、社会のあらゆる面に外国文化の影響が目立つようになった現在、「虹の色は七」ということが果たして日本人の常識とまだ言えるのか少し怪しくなってきたようです。

二　太陽は世界のどこでも赤いのか

アメリカでは太陽は黄色

今から三十数年前、米国イリノイ大学のアジア研究所で日本文化を教えていたときのことです。ある日大学から戻った私の顔を見るなり家内が突然「英語で太陽の色は何色かしら」と聞いたのです。咄嗟《とっさ》に私が「赤に決ってるじゃないか」と言うと「そうでしょ、でも巧く合わないのよ」と言って地元の新聞を持ち出してきました。そしてクロスワードパズル欄の color of the sun（太陽の色）のヒントにしたがって red（赤）と入れると、前後上下が全く合わないと言うのです。確かに red では文字が足りなくて欄が三つも余ってしまいます。そこで私がおかしいなと言いながら、あれこれと思いつくままの色名を入れてゆくと、yellow（黄）がぴったりと合うことがわかりました。でも太陽の色が黄色とは、なんとも変だねと二人で顔を見合わせたのです。私たち世代の日本人の常識では、太陽、お日さま、おてんとうさま、日の丸などの言葉は皆赤や真っ赤と結びつくもので、黄色はお月見の絵にあるようなお月様の色と決っているからです（注1）。

そこで早速何人かのアメリカ人の友人に電話をかけて、太陽の色は何色かを聞いてみると、誰も彼もが黄色に決ってるじゃないか、何でそんなつまらない事を聞くのかと怪訝《けげん》な様子でした。私はこのときの嬉しいような、悔しいような気持ちを今でも忘れることができません。嬉しいと言うのは英語という言語のもっている、それまで私の気付かなかった日本語との対象認識の違いの素晴しい実例がまた増えたからです。悔しいと言うのはこのことになぜもっと早く自分で気付かなかったのかという気持ちがあったからです。と言うのもそのつもりで改めて私が以前から持っている本をあれこれめくってみると、たしかに太陽が黄色の絵があちこちにあり、中には太陽の絵の下に、ちゃんとThe sun is yellow. とことばで説明してあるものまで見付かったからです。

私はよく言うのですが、私たち人間の目や耳のもつ認識構造というものは、実に不思議な面白い仕組をもっているもので、見たものをカメラのように、また聞こえた音を録音機のように、そっくりそのまま正確に全てを記録することは決してないのです。外部からの情報は先ず脳で選別処理されて、不要と思われるものは消去され、残りがその人の持つ価値観、文化的常識、そして個人的な知識および先入主などによって色づけされたのち、認識として記録されるのです。このことの好例としては既に本章一の「虹にはいくつの色があるのか」で述べた、誰にとってもどこでも同じはずの物理現象である虹が、世界各地の異なった文化によって二から七までの異なった数の色帯として認識されているという事実があげられます。太陽が赤か黄色かというのもまさにこの虹の色の数と同じで文化的な世界解釈の問題なのです。

英語で太陽は黄色いものとされているということの事実は当時（今でも？）日本であまり知られていないことでした。それは太陽の研究を専門とされている宇宙物理学者の桜井邦朋氏が次のように述べられていたことを見ても分かります。

太陽の色といえば万国共通と、長い間私も考えていたが、実際、アメリカに住んで、その地の人々との話題の中から、太陽の色が、私が何の理由もなしに、ただ漠然と考えていた赤い色とちがうということを知った時には、いささかおどろかずにはいられ

なかった。(『「考え方」の風土』講談社現代新書、一九七九年、四五頁)

更に同氏はお子さんがアメリカではいつも太陽を黄色に塗っていたのに、日本に帰国してからは不思議なことに、今度は赤で描くようになったとして、このことは日本社会の無意識な文化的強制ではあるまいかという、文化人類学者顔負けの分析を述べておられます。

その後私が調べたところ、ドイツやフランスでも太陽は黄色とされていることが分かりました。子供の絵本にはDie Sonne ist gelb. とかLe soleil est jaune. とそれぞれの言語で「太陽は黄色い」とはっきり書いてあります。そしてこのように太陽が黄色ならば、月は何色とされているのでしょうか。それは白です。

ところでこのような認識の相違は、たとえその事に気づく人がいなくても、日本と外国との人的交流が限られていた時代には殆ど問題を起こすことはありませんでした。しかし現在のように大勢の人が旅行どころか仕事で長期間外国に滞在することが珍しくなくなり、国内の生活でも外国人との付き合いが普通になると、殆ど無意識のレベルに潜んでいるこの様な外界認識の違いは、意識化され難《にく》いだけに相互不信や誤解、ひいては対立の原因となり得るので気をつける必要があります。

リンゴは赤い、でもフランスでは?

太陽と同じような色彩上の認識の違いはリンゴの色は何色かという問題にもみられます。殆どの日本人はリンゴと聞いて何色を思い浮かべるかと言うと、それは赤です。もちろん果物屋の棚には黄色のリンゴも並んでいますし、青い(緑色の)品種も時々見かけます。それでも一般の日本人がリンゴと聞いて、直ちに思う色は赤なのです。ですからラジオやテレビの娯楽番組のクイズなどで赤いものはと聞かれれば、リンゴとかお日さまが答えとして真っ先に出てきます。ところがこのリンゴの代表色がなんと緑の国があるのです。それはフランスです。

フランスの子供の絵本などには、よく緑色のリンゴを美味《おい》しそうに齧《かじ》っている子供がでてきます。これを見ると私などはさぞ酸《す》っぱいのではなどと、つい余計な心配をしてしまうのですが、しかしフランスにも赤いリンゴはちゃんとあります。しかしリンゴ(pomme)という言葉は、赤ではなく緑と固く結びついているのです。そこで家の外壁に塗るペンキの一種にリンゴ緑(vert pomme)という色まであります。日本でも昔、戦前に建てられた木造の所謂(いわゆる)西洋館にはよくこの白っぽい薄緑色がありましたが、現在では殆ど見られなくなってしまいました。このようにフランス人が戸惑う病気の名前があります。それはリンゴ病です。子供がよく罹(かか)るこのウィルス性の病気は、ほっぺたが赤くなるのでリンゴ病と俗によばれているのですが、この病名はリンゴが日本語では丸くて赤いものの代表とされていることを知らなければ意味が分からないでしょう。

私は他のヨーロッパ語ではリンゴは何色とされているのかにも興味を持って英語、ドイツ語、そしてロシア語の場合を色々と調べてみました。その結論を簡単に言うと、これらの言語では赤だと言う人と緑だと言う人が混ざっていて、フランス語の場合のように、誰に聞いてもどの本を見ても、はっきりと緑という答えが出てくるような単純なものではないようです。虹の色のときもそうでしたが、どうもフランス語は人工的に整理され画一化された言語であるような気が私にはします。

orange はオレンジ色か

大分前のことになりますが、私が北米にあるイェール大学に日本文化を講義しに出かけたときのことです。そのときは大寒波襲来でホテルからついそこにある大学にも、積雪のため歩いて行けたものではありませんでした。そこでレンタカーの会社に電話して、車を一台回してくれるよう頼みました。十分ほどで orange 色の車がホテルの玄関に迎えに来るというので、私はすっかり身支度をしてロビーのガラス越しに見張っていました。しかし二十分を過ぎてもそれらしい車は一向に来ないので変だなと思って玄関の外に出てみると、少し離れたところに茶色の車が止まっています。もしかしてと思って駆け寄ってみると果たしてそれがそうでした。私がドライバーに orange 色の車が来ると聞いていたので分からなかったと言うと、待たされて不機嫌になっていた男は、窓から手を出して車の屋根をトントンと叩いて、「これは orange だよ」と言ったのです。このときも私は嬉しさのあまり万歳と叫びたくなるほどでした。頭の中にそれまで長年溜まっていた英語の orange 色を巡るモヤモヤが一遍に解消したからです。

私は以前からアガサ・クリスティの小説やL・M・モンゴメリの『赤毛のアン』などにもよく出てくる orange cat という表現に頭を悩ませていたのです。これまでの英和辞典の全てが色としての orange をオレンジ色またはミカン色としているために、オレンジ・キャットは日本の翻訳本では常に〈ミカン色のネコ〉と訳されています。でもよく考えてみるとこれは変です。文字通りのミカン色のネコなどいるでしょうか。そんな色のネコはどこにもいないと思います。私は一種の茶色ではないかとは思ったのですが、実際にこれがorange catですよと実物を前にして教えてもらったことがなかったので、それが本当はどんな色なのかは今ひとつよく分からなかったのです。

さて私が頼んだレンタカーの色は、日本人の私の目にはどう見ても「オレンジ」とはよべない、明るさのない茶色かチョコレート色とでも言ったらよいものでした。実物のオレンジは今では日本とアメリカに同じものがあります。ですからオレンジの色そのものに日米の違いはないはずです。それなのにオレンジ色のネコや車となると、日本人が考えるオレンジの色とは違ってしまうのです。これは一体どうしたことでしょうか。そこで私はこのことを更に詳しく調べようと思って、この車の製造会社に手紙を書き全車種の色見本一覧を送ってもらいました。数日後送られてきた色見本では、私を戸惑わせた色はトーニイ・オレンジ（tawny orange）という名の黄褐色がかったオレンジ色として、私にとって親しみのある普通の明るい色の「オレンジ」などと並ぶ、いくつかのorange色の一つとされていたのです。

ここでこの色の実物をお目にかけられないのは残念ですが、私が帰国後色々なところでの色見本を見てもらい、何色と思うかを書いてもらったところ、茶色、赤土色、渋色、褐色、チョコレート色、ココア色、セピア色、レンガ色、コーヒー色、そしてブラウンなど、様々な回答がでてきましたが、一人としてオレンジとした人はありませんでした。このことから私がレンタカーの色を見たときオレンジだと思わなかったのは、私の個人的に偏った色彩感覚からではなく、広く日本人一般の持つ文化的な色彩反応だとすることが出来ると思います。

ではどうしてこのようなこと、つまり果物としては同じものがあり、名前も同じオレンジでありながら、日本人にはオレンジとは思えないかなり違った色調の色までが英語の orange には含まれているのでしょうか。その答えはどの国にもある色彩語の二通りの使い方にあります。

赤靴は赤くない

年配の方ならそうだっけと思い出されるでしょうが、昔は男の履《は》く靴に赤靴と呼ばれるものがありました。これは何のことはない普通の茶色の靴ですが、今とは違って男の履く靴の色が黒と茶の二種しかなかった頃は、茶色の靴は赤靴と呼ばれていたのです

（もっとも真夏に都会では白い靴を履くお洒落《しゃれ》な人もいました）。どうして色としては茶色の靴が赤靴と呼ばれていたのでしょうか。それは色彩を表わす言葉には二通りの使い方があるためです。

私たちは日常生活の中で、何かあるものを同類のものから区別する必要のあるときに、その色を手がかりにすることがあります。例えば本屋さんで店員の後ろの棚にある本が見たいとき「済みません、ちょっとそこの赤い本を取ってください」などということがあります。この場合その本が本当に赤くなくても、周りの黒や茶色の本と対比できる程度の赤みがあれば十分なのです。このように色彩を手がかりにしてあるものを他のものから区別する使い方を、私は色彩語の弁別用法と名付けました。そのつもりになって考えてみると、意外にも私たちの生活で使われる色名の大半は、この弁別用法で用いられていることが分かります。赤土―黒土、赤鬼―青鬼、白砂―黒砂から赤蟻―黒蟻―白蟻、赤砂糖―白砂糖―黒砂糖、あかがね（銅）―くろがね（鉄）―こがね（金）―しろがね（銀）といった名称は、全て弁別（対比）用法の実例です。このほか古くから日本語で赤〜とよばれているものの殆どは、色としては赤と言うよりも黄味がかった茶色のものなのです。赤犬、赤狐、赤腹、赤もず、赤貝、赤潮、赤紫蘇《じそ》と並べて行くとこのことがよく分かります。これらのどれも色違いの同類のものから区別するために赤といったので、色そのものはかならずしも赤くはないのです。

色彩語のもう一つの使い方は色そのものを問題にするときのそれです。具体的に言うと、何かを指して「これは何色ですか」という問いに対して「赤です」と答えるようなときの赤です。このような場合は色彩自身が問題とされているので「へー、そうですか、でも私には赤には見えませんけれど」などといった議論が起こることがありえます。しかし先の本屋での「赤い本」のようなときは、赤い赤くないの言い争いがまず起こらないのは、本の色が問題なのではなく、他の本と区別することが目的だからです。そこで私は他と区別するためではなく、色そのものを問題とするときの色彩語の使い方を専門用法と名付けたのです。絵描きさんや塗装業の人、また壁紙、着物や洋服の生地《きじ》を扱うことなどが仕事の人々にとっては、色彩は赤や青などという大雑把なものでは済まず、実に細かな分け方がされているのは御存知の通りです。

進めの信号は青か緑か

一昔前、道路に設置されている赤青黄の電燈式交通信号の色名をめぐって、色々と論争が起こったことがありました。止まれの赤は問題がなかったのですが、黄だとされている色は橙《だいだい》色と言うべきではないか、そして進めの青は緑が正しいのではといった意見が出て、新聞の投書欄などを賑《にぎ》わせたのです。これは色彩語には今述べたような二通りの使い方があることを知らない人々が色の使い方が非科学的だとか不正確だと騒ぎたてたものですが、弁別用法の場合は緑や橙といった長い言葉をさけて、なるべく青や黄のような短い色名を使うほうが便利なのです。

日本では昔から基本的な色彩語はあか（赤）、くろ（黒）、あお（青）、しろ（白）などで、それぞれはかなりの幅の様々な色を含んでいました。青い海と言ったり芝生が青いなどと言うのは日本人の色彩感覚が未分化である証拠だといった議論を聞いたことがありますがとんでもない暴論で、緑という言葉は元来は〈みずみずしい〉とか〈ういういしい〉といった、生まれたばかりの生物の状態を形容するもので色彩語ではなかったのです。このことはみどりご（嬰児）や、みどりなす黒髪といったいい方に残っています。

ところが学校の絵画の時間などで使うクレヨン、クレパスそして絵の具などの色分けが社会の豊かさが増すにつれてどんどん細かになり、専門語としての色彩語の知識が人々の間で豊富となるにつれて、弁別用法の場面にまで専門語を用いたがる傾向が強くなったのです。このことに加えて社会で実際に用いられる色彩も以前より遥かに多様になったことが挙げられると思います。本当に文字通り赤い靴が実際に登場するようになれば茶色の靴にたいして弁別用法の赤は当然使えなくなるのです。

ここでもう一度英語のorange色と日本語のオレンジ色の違いを取り上げて、終わることにしたいと思います。結論を簡単に言うと、日本語のオレンジ色やミカン色は果物として日本人の知っているオレンジや蜜柑《みかん》と固く結びついている専門用法でしか用いられない言葉なのです。したがって使用の範囲が限られ、蜜柑色のネコなどとは言えないのです。それに対して英語のorangeは様々な色彩の柑橘《かんきつ》類全てを指すことのできる包括的な言葉ですから、色彩としてのオレンジには、日本人の目から見てオレンジ色とは言い難《がた》い色までも含むことができるのです（注2）。

三　蛾と鯨が同じである理由

外国語を勉強することの楽しみの一つは、この世界には何と色々な変わったことを思ったり考えたりする人がいるものかという、人間のものの見方の多様性についての理解が居ながらにして深まることでしょう。日本語だけしか知らなかったときには思っても見なかったようなことが次々と分かってくると、実用にも金儲けにも全く繋がらない外国語の勉強が実に安上がりな一人で楽しめる娯楽となるのです。ここで「蝶と蛾と鯨」というまさに落語の三題噺《ばなし》のような、一見互いに無関係に見えるこの三つのことばをつなぐ糸を私が見つけたときの喜びも、様々な外国語を学んだ結果味わうことの出来た醍《だい》醐味《ごみ》の一つです。

蝶と蛾は同じ虫？　違う虫？

日本人は誰でも蝶と聞けば、春の菜の花畑にヒラヒラと舞うモンシロチョウや、夏の庭に咲く赤い鬼百合の花を訪れるクロアゲハなどを思うでしょう。道端を飛ぶ黄色の鮮やかなキチョウが目に浮かぶ人もいるかもしれません。そして蝶を野菜の害虫として嫌う農家の人には申し訳ないのですが、一般の日本人は蝶に対してはどっちかと言うと好感を持っていると言えるようです。

ところがこれに反して蛾となると、大半の人、ことに都会人はどういう訳かかなりの嫌悪感をもっています。蛾が夜に店の中へ飛び込んできたり、電燈の周りを飛び回ったりすると大騒ぎをする人はよく見かけます。飛び散る鱗粉《りんぷん》が毒だとされているようです。こうして見ると、日本では、よく見れば似た格好をしている虫のうち、昼間明るいときに外をヒラヒラ飛んで花の蜜などを吸う、綺麗な羽を持っているのが蝶で、夜暗くなるとバタバタ飛んでくる、あまり色の美しくない虫が蛾だとはっきり区別されているようです。

このように蝶と蛾を別の種類の虫だと区別するのはお隣の朝鮮語も同じで、ナビとナバンと違ったことばで呼びます。そしてこの点では日本で一番広く学ばれている英語もまったく同様で、蝶がbutterfly、蛾はmothだということは中学生でも知っている人が多いと思います。ですから殆どの日本人は母語の日本語に加えて自分たちに馴染みの深い外国語である英語までが、たまたま蝶と蛾に対しては別々のことばをもっていることから、世界にはこの二種の虫を区別しないで同じものとして、ただ一つの言葉でまとめて呼ぶ言語がいくつもあることに気が付いていないようです。たとえばフランス語、ドイツ語、そしてロシア語などはこの区別のない言語なのです。

なぜこの事実を知らなかったのか……

いうまでもなく私たちの周りにはこれまでこれらの外国語を深く学んだ人は沢山います。それは明治に始まる日本の大学を中心としたヨーロッパ語の勉強が、当時の列強間の軍事経済力を反映した英独仏の三言語に絞られたからです。そしてロシア語の学習は国防の見地から陸軍が力を入れましたが、一般社会では一部の文学者が目をつけ、後になって共産主義者たちや社会主義に興味を持つ人々によっても学ばれるようになりました。こんなわけでその気になれば日本語などと違ってこれらの言語では、蝶と蛾は一まとめにされて同じ名でよばれていることに誰か気付く機会はあったはずだと思うのですが、実際はそうなりませんでした。

その大きな原因のひとつは、これまでの外国語学習の主目的が、遅れた日本を列強なみの強国にし、自力で国を守ることの出来るような経済力と軍事力を日本が一刻も早く手に入れることにあったからで、異なった人種や民族のもつ細かな、今でいう文化人類学的な相違などには誰もあまり関心がなかったからです。要するに外国語は主として実学実用のために学ばれたのです。そして一度このような方向で確立された語学教育の伝統は、異文化理解に基づく国際理解の必要が叫ばれるようになった現在でも根強く残っています。

しかし現在の日本は明治大正時代のように経済や科学技術の面で欧米に全てを習う必要がなくなり、国民生活の点でもかつての先進諸国に全く引けをとらないレベルに達しています。そして諸外国との関係も以前は書物や製品を通す間接的な接触が一般であったものが、いまや国民が直接外国人と交わり仕事をするといった人間的な交流へと大きく変わってきました。この変化に対応するためには外国語教育の中でも、実用性とは一見関係なく見える異文化理解をこれまで以上に重要視する必要があるのです。自分たちの理解しにくい変った外国の風俗習慣や言語上の相違を、どちらが優れているか劣っているかといった価値観抜きに、人類のあるがままの多様性の表れとして受け止めるべき時代になったからです。

母語の見方を外れることは至難

さて蝶と蛾は学問上はどちらも鱗翅《りんし》類という近似同類の昆虫として纏《まと》められています。そして蝶と蛾の間には学問的な区別をたてる明確な根拠がないので、両者を大まかに一つのものと見なす文化（言語）があっても、また反対に出現するのが夜か昼かの違いなどを主な理由として、この二つを別の種類の虫だとして区別する言語があってもおかしくないわけです。

ただ重要なことは日本人のようにこの二つを区別するタイプの言語を母語に持った人々は、両者を同じものと見る言語があるなど夢にも考えたことがないということで、この事実を知らされたときはまさか、そんな馬鹿なことがあるかといった驚きと不審の感情を隠せないのが普通です。人並みの昆虫少年で大人になった後も虫に興味を失うことのなかった私も、長い間蝶と蛾は別のものと思って疑うことはありませんでした。人間は何時何処でも自分の母語が区別し名を与えている世界だけが、正しいものと思うように出来ているので、この母語の絶大な制約から解放されることはなかなか簡単にはできないのです。ですから外国語を学ぶことによって、その気になれば様々な異文化衝突を経験する機会に出会えるはずですが、実際はなかなかそうはならないのです。その一つの例として次のドイツ語の詩の翻訳を見てください。

隔たりも汝《なんじ》は物ともせず
追わるるごとく飛びきたる
ついには光をこがれしたいて
蝶なる汝は焼けほろびぬ

(蝶よ、おまえは遠さなど気にかけないで、なにかに追いかけられでもしているように飛んできて、恋焦《こ》がれひたすら求めてきたまさにその光に焼き殺されてしまった)

これはドイツの文豪ゲーテが、イスラーム神秘主義の修行において真実在に憧れこれをひたすら求める求道者が、それを見てしまったときまさにその火に焼かれて死んでしまうと言われていることを、暗闇の中に赤々と輝くランプの裸火に引かれて飛び来たった一匹の蛾が、憧れ求めたその火に焼かれて死んでしまう悲運に喩《たと》えた、悲しくも美しい有名な詩の一節です。ところがこれを訳した人は、ドイツ語の原文の Schmetterling という言葉が、多くの日本人同様蝶のことだとばかり思い込んでいたために、まさかここでは蛾のことだとは思わず、結果として暗闇の中で蝶が光を求めて飛んでくるという、ちょっと考えてみれば普通にはありえないような解釈をしてしまったのです（注1）。自分の母語が私たちに強制する対象世界の分節枠を破ることは、このように大変難しいことなのです。

思い込みから自由になれるか

私に蝶と蛾をことばの上で区別しない言語のあることを教えてくれたのはフランス語の専門家である松原秀一氏でした。この人は一般の研究者が知らないフランス語の珍しい情報を私にしばしばもたらしてくれる貴重な友人です。ある日のこと、彼が絵入りラルース大百科事典の papillon（パピヨン）のところを私に開いて見せてくれ、これをどう思うかと聞いたのです。それまでパピヨンとは蝶のことだとばかり思っていた私は、一瞬目を疑いました。見開き両ページにわたって明らかに蛾と分かるものが至る所に蝶にまじって出ているではありませんか。これがきっかけとなって私はドイツ語でも、またロシア語でも蝶と蛾は日常語では区別されていないことを発見することになったのです。

ではどうしたら、書物を通して外国語を学ぶことの多い私たちは、母語である日本語と外国語の世界認識の仕方の違いに気づくことが出来るのでしょうか。それはことばの勉強をことばの世界の中だけに終わらせないで、可能な限り言葉をそれが表す実物と引き比べたり、絵や写真といった言葉ではない情報源を活用することです。外国語辞典の大半は、どんなに分厚く詳しいものでも、説明が言葉だけでなされているものです。そこで色々な辞書を山積みにして外国語を研究しても、そもそも辞書の製作者たち自身が気付いていないような点は当然のことながら辞書には書いていないわけです。

ですから同じ書物でも言葉だけの辞典（ことばてん）だけではなく、事物の解説に重きを置く事典（ことてん）や図鑑類も活用する癖をつけることです。私はロシア語のバーボチカという言葉もフランス語のパピヨン同様蝶と蛾を区別せず一緒にまとめて言う言葉だということを、ロシアの百科事典の図版ではじめて知ったのです。そして私がこのことを二十年近く前にある論文で発表して以来、今では日本のロシア語辞典のなかにも、バーボチカが蝶と蛾を共に指す言葉だという記述のあるものがでてきました。

胡蝶蘭命名の由来

町の花屋さんでよく見かける蘭の一種に胡蝶蘭という名の美しい花があります。まさに「名は体をあらわす」という古い言い方の通り、この蘭を前にして胡蝶蘭という名前を聞いた人の多くが、なるほど巧くつけたねえと感心するほど、この蘭の花は蝶が舞っているような姿をしているのです。ところが最近ではこの蘭のことをファレノプシス(phal(l)aenopsis)と言うことが多くなっています。この外国名の前半ファレノの部分はギリシャ語の蛾を意味するファライナからきていて、後半のオプシスとは〈〜に似ている〉という意味です。つまりファレノプシスとは〈蛾みたいな花〉ということです。このような外国語名の元の意味を知れば、日本の胡蝶蘭のほうがはるかにピッタリの、しかも詩的でさえある名前だと思う人が増えるのではないでしょうか。

ところでこのファライナというギリシャ語は実は色々と問題がある言葉なのです。私は大学で長い間古典ギリシャ語を教えていましたので、この言葉が蛾を意味するだけでなく、何と全く縁のない鯨をも指す場合のあることをいつも不思議に思っていました。

人間の言葉は多義といって、色々と違ったものや事柄を一つの言葉で表すことがよくあります。でも多くの場合はよく考えてみると同じ語に含まれる〈異なった〉意味の間には、何かしらの関係というか互いに繋《つな》がりのあることが分かるものなのです。例えば〈たま〉という言葉は元来は丸いもの全てを言う言葉でした。しかし今では玉だけでなく鉄砲の弾、砲弾のような長細いものをも指します。また丸くない電球のことも〈たま〉と言います。また〈たま〉が不足しているという言い方で人材が足りないことを表現したりもします。しかしどの使い方も言葉の歴史的継続的発展として説明できるものです。

ところが蛾と鯨の間には誰がどう考えても接点が見つからないのです。これは欧米の辞書製作に携わる学者たちを長い間悩ませてきた問題でした。そこで多くのひとは次のように考えたのです。古代ギリシャ語の現在残されている資料ではたしかに蛾と鯨が同じ語形になっているが、恐らくもっと古い、文献以前の時代では両者は互いに形の違う二つの別々の言葉だったのだろう。それが何かの理由で同じ語形のものとなってしまったために、ファライナという一つの言葉が、場合によっては鯨を指したり蛾を意味したりするようになったのだと。ですから今でも欧米の権威あるすべてのギリシャ語辞典では、この二つの全く違った意味を一つの言葉ファライナの（相互のつながりは不明の）多義として説明するか、あるいは同音異義語、つまり形（発音）は同じでも別の言葉としているのです。

しかし私はあることがきっかけで、蛾と鯨の間にはちゃんとした立派な関係があるのだということに気付いたのです。そのいきさつを次にお話ししましょう。

鯨には蛾を思わせる部分がある

私はこれまで述べた蘭を含む草花や昆虫に対する興味のほかに、野生の動植物とりわけ野鳥とは子供のとき以来もう数十年の付き合いがあります。私は一年の大半を都会を離れて山小屋暮らしという言語学者らしくない生き方を今でも続けているのです。そのうえ日本人が幕末に英語とかかわるようになったいきさつを英語史の観点から研究する過程で、鯨問題にも関係することになりました。それは鎖国日本に開国を強要した米国のペリー艦隊は、実は日本近海に展開していた何百隻という米国の捕鯨船に必要な水や食べ物、そして薪炭の補給地として日本を開国させよという本国政府の要請を受けてやってきたからです。この幕末日米交流史の火付け役であった捕鯨業が、いまや環境保護の面で再び日米間の国際問題になっています。ですから私にとって鯨は強い関心の対象なのです。

このように狭い特定の専門一筋の純粋な言語学者ではなく、一体なにが専門だか分からないような雑学実学の世界を動き回った実績を持つ私だからこそ、西欧のギリシャ語学者たちを長年悩ませた昆虫の蛾と海の鯨を結びつける接点を発見することができたのです。それは十数年前、学会で訪れた米国のオースチンでテクサス大学の図書館に足を踏み入れたときでした。目の前の壁に大きな鯨が水に潜ろうとしている写真が掛けてあったのです。それを見た瞬間、私の頭の中で蛾と鯨を結び付けたものは鯨の尾だったのだと閃《ひらめ》いたのです。

鯨の尾

古代ギリシャ人は紀元前約二千年から千年ほどの間にヨーロッパ大陸の内部から地中海沿岸に移ってきた民族だといわれています。ところで地中海にはいまでも鯨がいますが当時はもっといたことでしょう。さて大陸奥地から出てきて初めて鯨を見たギリシャ人は一体鯨の何処を、何を見たのでしょうか。それは鯨が水に潜るとき空中に高く上げる尾です。水に沈んでいる鯨の大きな体は殆ど見えませんが、高く上げた尾はよく見えます。これはテーリングという専門用語が付けられていますが、潜水に勢いをつけるだけでなく、仲間同士の通信にも利用しているのです。そしてこの尾の形が、ある種の蛾（例えば夜蛾の類）が何かに止まった姿にそっくりなのです（前ページ写真参照）。

大陸奥地に住んでいたギリシャ人は蛾を指す言葉は持っていましたが、海の鯨は見たことがなかったため、当然呼び名はありませんでした。そこで彼らは鯨の唯一よく見える部分である尾が、彼らの知っている蛾の形を思わせる所から、蛾という言葉ファライナを鯨の呼び名に借用したのです。このようにあるものに新しく名前をつけるとき、特徴的な部分をさす言葉でそのもの全体を表すことは、ごく普通に見られることです。

こんなわけで私は古代ギリシャ語のファライナは、初めは蛾だけを意味する言葉であったが、後に尾の形が蛾を思わせる動物にギリシャ人が出合ったとき、そのものの呼び名にファライナを転用したのだと考えます。つまり蛾と鯨の間には立派な繋がりがあったわけです。そしてこのようなことは、書物だけを読んでいては絶対に分らないことなのです（注2）。

四　文化によって異なる羞恥心

仕切り壁も扉もない便所に驚く

戦争の爪跡が未だ日本各地に生々しかった昭和二十五年（一九五〇年）の六月、私は戦後初のガリオア留学生の一人としてアメリカに行くことが決まり、近く横浜から米軍の輸送船で渡米するための準備に追われていました。ところがある朝ラジオで臨時ニュースが流され、留学生は何と米国へは飛行機で行くことに変更となったので直ちに羽田に集合せよとのことでした。その理由は後で分かったのですが、出発直前の六月二十五日に突如始まった北朝鮮軍による韓国への侵攻、つまり今で言う朝鮮戦争が起ったためでした。予想もしなかったこの戦争勃発に慌《あわ》てた在日米軍は兵員や武器弾薬などを本国から日本に向けて大急ぎで空輸し始めたのですが、帰りの便が空《から》では勿体《もったい》ないというので日本人留学生を運ぶことにしたというわけです。

羽田で私たちを乗せた米軍のダグラス社製大型プロペラ輸送機が半日以上もかかって、太平洋上の最初の給油地であるウェーク島に着いたとき、私にとっての大事件が起りました。用を足そうと便所に行った私は腰を抜かすほど驚いたのです。建物の入り口を入った途端、ズラーッと並んだ大便器に何人かの軍人がズボンを下げた格好で座り、タバコを吸いながら互いに談笑している光景が目に飛び込んできたからです。仕切りの壁も扉もないただむき出しの便器の行列なのです。この見るもおぞましい男たちの姿に肝を潰《つぶ》した私は、一目散に宿舎に逃げ帰りました。ここが砲弾飛び交う前線基地ならばいざ知らず、私たち留学生は士官待遇であるため、かなり立派な宿舎をあてがわれていたのです。金も資材も有り余っているはずのアメリカが、なぜ便所だけをこんな野蛮きわまる状態にしておくのか私にはどうしても理解できませんでした（注1）。翌朝次の給油地ハワイに向かってウェーク島を飛び立ち、オアフ島で一泊して目的地のサンフランシスコ郊外にある軍の飛行場に着いたのは日本を離れて三日目でした。その日のうちに私たちは夏休みで学生のいないオークランドにある名門女子大学のミルズカレッジの学生寮に無事受け入れてもらいました。寮では驚いたことに日系のメイドさんが何人か働いていたので、早速ウェーク島の便所で私がショックを受けたことについてどう思うかと質問してみました。そのとき私は思いがけなくも羞恥心《しゅうちしん》をめぐる文化人類学的大発見をすることになったのです。

女同士は真っ裸で平気

戦後初めて父祖の国からやってきた留学生の私に対して、懐かしさを感じたのか彼女たちは、常々「日本人の立場から見て」この国のおかしいこと変だと思っていることなど色々話してくれました。なかでも驚いたことは彼女たちが口を揃えてアメリカの女は恥知らずだ、まるで豚だということでした。それというのも女学生たちは寮の廊下を平気で真っ裸で歩き回り、それこそ女としてのたしなみも礼儀もあったものでなく、部屋の中ではベッドの上に二人の寮生が裸で向き合って座りトランプをしたりもする。よく恥ずかしくないものだと言うわけです。それでいて何かの工事で職人などが寮内に入るときなどは、特別のベルを鳴らして注意すると、寮生たちはちゃんと着るものを着てしゃなりしゃなりと出てくると言うのです。私はこのような話を色々と聞いているうちにパッと閃いたのです。ここアメリカでは男同士女同士の同性間では羞恥心が起こらないのだと。だからウェーク島の男だけの便所には仕切りがなかったわけだ。ところが日本文化では相手の性別にかかわらず、自分とすべての他者の間に性や排泄に関して恥ずかしいという気持ちが生まれてしまう点がアメリカ人とは違うのだと。だからアメリカのYMCAや学校などのプールで泳ぐとき、同性だけのときは全裸が普通だということもその後分かりました。

実はこの話をずっと後になって大学生の娘にしたところ、彼女は「分かる分かる、女子高生のとき体育の授業でみんなが更衣室で仕度を始めると、オーストラリアからの留学生が突然真っ裸になったので生徒がみんな唖然としたことがあったっけ」と言いました。日本人は女同士でもこんなとき素っ裸にはならずに巧みに着替えをするので、外国人の思いがけない行動にはびっくりしたとのことでした。このことに関連して思い出すのは、子供の頃、西洋の絵画のなかで貴婦人らしき女性が真っ裸で姿見の前に立ち、若い女の腰元が着物を差し出しているといった図柄を見て、私は母親にどうしてこの女の人は裸で恥ずかしくないのかと聞いたことです。母親がどんな返事をしてくれたのかはよく覚えていませんが、すでに子供心にもこのようなことになんとなく違和感を感じていたようです。

乳房はいつから恥部になったのか

さて私はこのようにして同じ羞恥心と言っても文化が違えば誰に対して何時、そして身体部位の何処が問題となるのかなどさまざまな違いのあることにだんだん気付いていったのです。その一つが戦後の日本に起きた、女性の乳房に対する社会の反応の急激な変化です。いまの日本では女性の乳房はみだりに他人に見せるべき身体部位ではない、いやそれどころか性的な意味合いの強い恥部つまり催淫帯《さいいんたい》（erogenic zone）の一つとされ、週刊誌などでは大きな乳房を誇示する写真や「巨乳」などという言葉がよくみられますが、実はこのような乳房に対する感覚は戦後アメリカ文化の影響によって生まれた非常に歴史の新しいものなのです。

よく知られた民族学的な事実として、日本文化の基層には東南アジアや太平洋諸島に通じる要素が色々と見られますが、女性が人前で上半身を露出する、したがって胸や乳房を他人に見せることは、この地域では少しも恥ずかしいことではありませんでした。むしろ気温が高く湿気の多い気候風土条件のもとでは望ましいことでさえあったのです。ところが近代になってこれらの地域の殆どは欧米諸国の植民地として、西欧キリスト教文化の強力な影響下に置かれました。その結果、女性が乳房を露出する現地民の風俗はキリスト教の精神に反するものとして、異なる文化伝統に対してはまったく無知無理解な宣教師たちの攻撃の的となり、何処でも女性たちは無理矢理何かしらの服を着せられてしまったのです。ハワイ諸島のムームーなどはその一つです。

明治以後の日本も欧米文化の強い影響に曝《さら》され、日本人が公的な場面では伝統的な着物ではなく洋服つまり西洋式の服装を着用したり、日常生活でも草履《ぞうり》下駄とならんで西洋風の靴を履きだすといった風俗上の大きな変化が起りました。それでも依然として欧米的ではない男の威勢のいい褌《ふんどし》姿や、若い女性が人前で乳房を露出して幼児に授乳する光景などは、私が学生の頃はごく普通のことでした。

ところが日本が米国との戦争に負け、国内にどっとアメリカの風俗や文化が流れ込み始めると、戦前の日本では絶対にしてはいけないこと、例えば歩きながらものを食べることなどがあっと言う間に当たり前となり、そこここでアメリカ人のようにソフトクリームを舐《な》めチューインガムを噛みながら歩く人の姿が普通に見られるようになったのです。そしてその反面、昔から何も問題とされなかった伝統的な風俗や習慣が、基本的には欧米的でないという理由で様々なもっともらしい理屈をつけられて姿を消していったのです。女性が外出時に幼児を背中におんぶする習慣などもその一つです。

伝統的な日本の文化では女性の胸や大きな乳房を性的な意味で称揚することはありませんでした。その一つの理由は着物を着るとき胸が大きいと帯が巧く締められないことがあったようです。ですから乳が大きすぎるときは晒《さらし》を体に巻いて体型を整える必要までありました。ところが戦後の日本人の目には、体の線を大胆に強調するアメリカ女性のスタイルが新鮮に映り、同時に乳房の形が良くて大きいことが称揚され始めました。それどころか乳房が性的含意を持つ身体部位、つまり催淫帯であるという西洋式の見方まで取り入れられたのです。この新しい傾向はそれまでの日本には存在しなかったブラジャーという女性専用の下着の登場へとつながりました。乳房の形を整え大きく見せることが目的のこの新しい下着はまたたく間に拡がり、今ではその必要のない小さな子供まで着けるのが当たり前となっているほどです。

靴屋に靴べらがない

三十年ほど前、私がイギリスのケンブリッジ大学にいたとき日本から履いていった靴が壊れてしまったので、新しいのを買おうと思って町の靴屋に入りました。そこで適当と思われる靴を二、三足選んで椅子に座り傍《かたわ》らの店員に靴べらをと言ったのです。すると驚いたことにそんなものは置いてないと言うではありませんか。私は中学一年のとき、英語で靴べらは shoehorn と言うのだと覚えたのですが、それ以来実際には使ったことがなかったので、言葉が違うのかなと思って手真似で靴べらを使う仕草をして見せました。すると言葉は shoehorn で間違いないらしいのですが、店にはないと言うのです。では何処にあるかときくと、彼はもう一人の店員のところに行き二言三言言葉を交わしてから戻ってきて、たぶんスーパーにあると思うと言うのです。

靴屋に靴べらがない、これは一体どうしたことだと、私は俄然興味が湧き店を飛び出しました。直ぐその足で町のほかの靴屋を何軒か回ってみると、なるほど何処にも靴べらは置いてありませんでした。日本なら靴屋には長い靴べらが至る所に置いてあるのにどうしてでしょうか（注2）。そこで私は色々と考察を重ねた結果この謎を次のように解いたのです。

日本人が靴を履きだしたのは前にも言ったように明治からです。それまで足を圧迫することのない開放的な下駄や草履に馴染《なじ》んでいた日本人は、足をきっちり覆う靴の緊縛感になかなか慣れませんでした。そこで靴を履く人はどちらかと言うと緩めの靴を好んだのです。さらに緩めの靴が選ばれた理由は、一度履いた靴をしばしば脱ぐ必要があったからだと思います。建物によっては入るとき靴を脱がなければならない場所が多くあったからです。今でも学校や図書館、公民館、旅館や病院などでは、靴を脱いでスリッパに履き替えなければならないところが珍しくありません。また朝会社や事務所に出勤したとき、靴をサンダルやスリッパに履き替えて仕事をはじめる人も少なくありません。

要するに日本人には朝出かけるとき靴を履いたらそのまま夕方家に帰るまで靴は履き通しという人は少ないのです。このように一日のうち何度も靴を履いたり脱いだりするのですから、簡単に靴べら（または指）の助けで履いたり脱いだりできる緩い靴が便利なのです。ですから同じ靴でも編み上げ靴のように、靴紐《くつひも》を何度も往復させ時間を掛けてきちっと結ぶタイプの靴は、昔の軍隊や旧制中学校などは別として、一般には余り普及しませんでした。

さてイギリス人はと言うと、朝一度靴を履けば一日中それを脱がないのが普通です。勤め先や事務所でスリッパやサンダルに履き替えることなどしません。また何処へ行っても靴を脱ぐことを求められることは絶対にありません。だから足に合うきちっとした靴を履くことになるのです。このように靴べらを必要とする場面が生活の中にないのです。だから靴屋でも置いてないのです。家に帰ってくつろぐとき室内履き（slippers）に履き替える場合でも、日本のような突っ掛けタイプのものではなく、踵《かかと》まで覆うものを履きます。こういったことからイギリス人が靴を脱ぐのは寝室だけだとよく言われるのです。

さてこのように生まれてから死ぬまで、殆ど一日中きちっとした靴を何十年も履き続けていると足は一体どうなるでしょうか。日本人の幅広い足とは違って、幅の狭い細長い形になってしまうのです（注3）。そして色々な足の病気や骨の変形が起ってきます。イギリスの町のいたるところに日本では見られない足病医（podiatrist）という特別の医者の看板が立っているのも、また街中で杖を突いた足の具合の悪い老人を驚くほど沢山見かけるのも、結局は靴の履きすぎ、足の締めすぎから来る社会文化現象なのです。

素足を恥と考える文化

以上、英国の靴屋にはなぜ靴べらがないのかに始まって、靴の履き方の違いまでについて長々と話をしたのは、実はこのことが、世界には何かで覆っていないむき出しの足、つまり裸足、素足は他人に見せるべき身体部位ではないとする文化が存在すること、そしてその一つがイギリス人の文化だということに繋がるからです。結論を先にいうとイギリス人にとって足は恥部なのです。だからこれを人前で露出することはよくないことだと考えているのです。かつて日本を訪れた英国の女王が、靴を脱ぐべきところで脱ぐがないで話題となったとか、英国の植民地であったインドの寺院で、イギリスからの観光客が靴を脱ぐという土地の決まりに従わないことがしばしば紛争の原因となったといったことは、現地の習俗に従おうとしない英国人の傲慢さの表れと見るよりは、足が彼らにとっては恥部であるため人目に曝すことに強い抵抗があったのだと解釈すべきなのです。ある在日経験の長い英国婦人が私のこの話をきいて、たしかに靴を履いていない足を見ると、どうしても寝室を連想してしまうと言ったことがありました。

中国人にとっては足が催淫帯

私の妻の亡くなった母親は、戦前満州や中国に外交官夫人として滞在した経験を持っていましたが、当時の在外赴任者には役所から色々な心得を書いた注意書きが渡されたものだと私に話してくれました。その中で一番印象深かったことは、中国人の使用人、特に男の召使の前では絶対に素足を見せてはいけないということでした。素足は大変な性的挑発になるからで、家の中では足袋《たび》も履かずに素足でいることの多い日本の女性は、特に気をつける必要があったのです。ですから外出のときも浴衣《ゆかた》に素足などもっての外だったということでした。足が恥部で催淫帯だという文化は遠いイギリスだけでなく、なんとお隣の中国もそうだったとは驚きです。

実は中国には古代からごく最近の文化大革命頃まで、裕福な家庭では幼女の足指を内側に折り曲げ足を布でぐるぐる巻にして成長を止め、自分では歩けないほどの小さな足にする纏足《てんそく》という奇妙な習慣があったことはよく知られています。この奇習の目的と考えられているものの一つは富を誇示することで、女や子供まで労働力として当てにされていた時代に、一人の家族の女をわざと歩けなくすることは、介助の女が何人も必要となり、その家が経済的に十分すぎる余裕のあることを誇示できるからだというものです。(これはまさにビクトリア朝のイギリスの上流階級で、女性が一切の家事労働に携わることを厳しく禁じることで、社会的に富と権力を誇示したこととどこか似ているように思います。)

しかし私はこの纏足の本当の目的は、女性の小さくなった足を性的な愛玩物としたことにあると考えています。舐めたりしゃぶったりするためには、足は小さければ小さいほどよいからです。大きな足は口に入りませんから。

文化人類学的に先進国を見直そう

文化人類学という学問は戦後アメリカから齎《もたら》されたもので、一時は各方面でもてはやされた人間社会の研究、特に未開発諸国の文化の研究だったのですが、どうも最近はこの学問の名を聞くことが少なくなったように思います。それがこの学問の基本的な見方考え方がもうすでに人々の常識となってしまっているからだというなら大変結構なことですが、どうも現実は逆のようです。たしかに多くの国や地域での未曾有《みぞう》の経済繁栄の結果、国際化の名の下に世界中の物資、情報そして人々の交流が、かつてないほどのスピードと密度で増加しています。そこでもう珍しいこと驚くべきことなどどこにも残っていないという印象を抱く人がいても不思議ではないほどです。しかしここで取り上げた羞恥心の問題でも明らかとなったように、まだまだ世界にはお互い気付いていない微妙な違い、見過されている驚くべき問題が先進国間にも沢山存在するのです。世界中をくまなく観光して歩いても、私がここで扱ったような問題に気付くことは、文化人類学的な視点を観察者がもっていないとなかなか出来ないという意味で、私は教育における文化人類学の復権を望んで止みません。

第三章　言葉に秘められた奥深い世界

一　天狗の鼻は「長い」ではなく「高い」

鼻が問題になるとき

天狗《てんぐ》とか天狗様と言われても、若い人の中にはもう具体的なイメージが浮かばない人がいるかもしれませんね。手元にある新明解国語辞典で天狗の項を見ると〈深山に住み、顔が赤く鼻が高くて自由に飛行するという、想像上の怪物〉で、〈鼻が高いという所から、自分の得意な学識や芸能を自慢する人の意にも用いられる。例、～になる、釣～〉とあります。他のいくつかの辞書で同じく天狗を見ると、説明の内容は多少違ってはいますが、しかしどの辞典にも必ず含まれている記述があります。それは天狗の鼻は〈高い〉という指摘です。そう言えば各地の神社でお土産として売っている天狗のお面や人形は、鼻が顔から突き出ていますし、昔話や絵本の天狗も必ず異様に飛び出た鼻が描かれています。そして天狗の鼻は今も昔もこのように必ず〈高い〉と言われるのです。

私がいま天狗の鼻をここで言葉の問題として取り上げるわけは、一体どうして「天狗の鼻は長い」とか「天狗は長い鼻をもっている」といった、あっても不思議でないような表現がどこにも見当たらないのかということです。もっとも日本語では鼻という言葉は絶対に「長い」という形容詞とは結びつかないというのであれば話は別です。しかし芥川龍之介が書いた『鼻』という短編は、禅智内供《ぜんちないぐ》という人物の鼻が〈長くて〉醜いことを巡って物語が展開しています。ですから日本人が天狗の鼻をいつも〈高い〉と言って、〈長い〉とは決して言わないことには、きっと何か言語上の理由があるはずだと私は考えたのです。

ところで天狗とは反対に、鼻が問題になるときはいつも〈長い〉とだけいわれて、絶対に〈高い〉とはいわれない動物がいるのをご存知ですか。そうですね、ゾウです。そして面白いことに明治以来の日本語文法では「ゾウは鼻が長い」という文章がしばしば顔を出します。それというのもこの文では一体ゾウが主語なのかそれとも鼻がそうなのかという、ヨーロッパ語の主語述語の単純な関係だけでは説明の難しい、日本語特有の表現として色々と議論されているからです。

〈高い、低い〉は日本語だけ？

ここでちょっと人間の鼻が日本語で普通はどのように形容されているのかを考えて見ましょう。日本語でと断ったのは、あとで説明するように鼻を描写する言葉は、言語が違うとまったく違ってくるからです。言うまでもなく日本語でそれは普通〈高い〉か〈低い〉です。でもこの形容はよく考えて見るとおかしな表現法なのですが、そのことに気が付いた方がいるでしょうか。

そもそも一般に何かが〈高い〉とか〈低い〉とか言われる場合は、地面からそのものの上部が、どのくらい離れているかが問題になっているときです。〈山が高い、低い〉、〈高い樹〉〈高い建物〉など皆それです。人の背が高い、低いと言うのも全く同様で、〈高い、低い〉という言葉の使い方としてはごく自然なものと言えます。ところが鼻が〈高い〉となると、これは言葉遣いとして自然なものとは言えないのです。鼻は頭の天《てっ》辺《べん》に上向きに生えているわけではなく、顔面から水平前方に突き出ているものですから、これを高い、低いと称するのは普通の使い方とは言えません。

日本語では、一般にある特定の身体部位が体から水平方向に突出しているとき、それを形容する言葉は〈出〉です。〈出っ歯〉〈出目〉〈出べそ〉〈出っ尻《ちり》〉などのほかに、〈腹が出てきた〉、〈額、頬骨が出ている〉などです。しかしこれらの言い方は程度の差はあるにしても、概して余り褒め言葉とは受け取られません。と言うのもこれらの表現は、その身体部位が一般の人の平均と思われる度合いを越して突き出ていて、みっともないと受け取られている事を、話し手がそれとなく指摘しているものだからです。

ところが鼻だけはどういうものか日本文化では特別扱いで、顔から前に突き出ている度合いが普通以上であることがむしろ望まれる身体部位なのですから、貶《おとし》めの含みのある〈出〉は使えないことになります（〈出鼻を挫《くじ》く〉とよく書かれる言い方に含まれる〈はな〉は、本来は〈先端、始まり〉などを意味する〈はな〉で、むしろ〈出端〉と書く方が正しく、鼻とは別のことばです）。そこで何時からかは知りませんが、地面からの距離の大小を表す〈高い、低い〉が鼻に転用されるようになったと考えられます。顔面を地面と見立てて、そこから前方つまり上方に離れてゆく鼻の先端を、山や樹を形容する〈高い、低い〉を使って表現したものと思われます。でも私の知っている言語で、鼻にこのような山や樹を形容する〈高い、低い〉を使うものはありません。どこでも人間の鼻は〈大きい、小さい〉か、または〈長い、短い〉と言われるのが普通なのです。

日本では昔から高い山、高い樹木は常に信仰の対象でしたし、高い建物は建てた人のもつ権力、威光の象徴でした。ですからこのように〈高い〉ということにプラスの価値を置く日本人が、他人よりは突出度の大きい鼻を肯定的な意味合いをもつ〈高い〉で表すことになったと考えられるのです。

では、高い鼻と長い鼻の違いとは

象の鼻を見て、「長いなあー」と驚きの声を上げる人はいても、「なんて高いんだ」と言う人はいないと思います。象の鼻は普段は下向きにぶらさがっているのですから、私たちに「高い」という気持ちを起こさせることはありません。前に触れた芥川の禅智内供の鼻の場合も、食事をする度に鼻先が椀の粥《かゆ》に入ってしまわないようにと、給仕の小僧が板で持ち上げていなければならないのですから、このように長く垂れた鼻はどうあっても高いとは言えません。鼻が高いと言われるためには、何よりも鼻が前方にまっすぐ突き出ていることが肝心です。

ところが色々と調べているうちに、鼻が高いと形容されるためには、まっすぐ前に突き出ているだけでは駄目だということが判ったのです。イタリアの子供向けのお話に

『ピノッキオの冒険』という名の、木で作られた人形が主人公として活躍する愉快な童話があります。日本でも戦前から広く翻訳で読まれているものです。このピノッキオは色々ないたずらをしたり嘘をついたりして周りの人をたびたび困らせますが、あるとき彼のことを何くれと心配してくれる親切な仙女に、もうこれからは嘘を絶対につかないと約束します。

ところが直ぐ約束を破って嘘をついてしまいました。するとピノッキオの鼻が何と前に長く伸びたのです。そして更に嘘をつけばつくほど、鼻はどんどんと伸びてついに部屋の壁にぶつかり、ピノッキオは動きが取れなくなってしまうのです。ピノッキオの鼻は堅い木で出来ていますから伸びても先が下に垂れ下がることはありません。ですから嘘をつく度に鼻が高く高くなりましたと言ってもよさそうなのですが、日本人の翻訳者は鼻が高くではなく長く長くなっていきましたと書いているのです。なぜでしょうか。

それは日本語の〈高い〉という形容詞が、前にも言ったように対象の形状を客観的に描写するだけでなく、そのものに対する肯定的な心的態度、つまり対象を何か好ましいもの、尊敬崇拝に値するものと感じているなどを併せて表現している言葉だからなのです。だから嘘をついたピノッキオの鼻は、たとえ真っ直ぐ伸びても高くなったとは言い難《がた》いのです。

ここまで読まれた読者は、なぜ天狗の鼻が〈長い〉ではなく、〈高い〉と形容されなければならないのかがお分かりになったと思います。なにしろ天狗は空を自在に飛び回るなどの超人的な力を持つ怪物で、畏怖の念を人々に起こさせる魔力の持ち主ですから、鼻が常人のものよりはるかに〈高く〉ある必要があるのです。普通の人の場合でも鼻は高いほど人々の尊敬と畏怖をよびおこすものだからです。

西洋人の鼻は〈高く〉ない?

ところで明治開国以来、日本人が西洋人一般に対して強く持った印象の一つは、何しろ鼻が高いということでした。この高い鼻が背の高さとあいまって、日本人に威圧感を与えたのです。しかし当の西洋では、鼻が高い(彼らの表現では〈長い〉、または〈大きい〉)ということは、余り美点と考えられていない、いやそれどころか鼻そのものの持つ意味が日本と全く違うということは、私が指摘するまでは日本で気付いた人がいなかったと思います。

私のこのような研究のそもそもの始まりは、人の顔のどこを美しいと思うかに関する民族的相違の研究でした。沢山の欧米語（主として英、仏、独、露）の小説や戯曲を読んでいるうちに、西洋人と日本人では同じ人間の顔を見るときの重点の置き場所や評価の仕方が、どうもかなり違うらしいことに気付いたのです。なんと言ってもその第一は顎《あご》です。欧米人は顎の形からその持ち主の性格の強弱を判断しようとするのです。ですから他人の顎を〈決断に富んだ、意志の強い、攻撃的な、喧嘩腰の、強い、弱い〉などの形容詞を使って描写することが非常に多く見られます。どうも欧米の文化では人間の隠れた眼に見えない精神の状態は、顎に現れると考えられているようです。

そのためか人々が相手に反抗する、抵抗する、攻撃的になる、などの時には顎を上向きに突き出す姿勢をとることが普通です。ところが面白いことに日本ではむしろ顎を引くほうが決意を示すことになり、顎を出すと言えば〈参った、弱った〉ことになるのです（細かなことを言うと、日本語では顎はただ一つの言葉ですが、多くの外国語では顎先と頰に繫がる部分のそれぞれに別の語を当てるのが普通です。例えば英語では chin と jaw です）。

私の見る限り日本では他人の顎を見て、その人の内面性や性格を判断する習慣はなく、むしろ〈顎が出ている、張っている、角ばっている、しゃくれている、二重顎だ〉、更には落語にあるような〈馬が提灯《ちょうちん》咥《くわ》えているみたい〉といった単なる外見の描写にとどまっているように思います。内面が緊張していることを表す場合は顎ではなくて、〈口元が引き締まっている〉といった表現が用いられるようです。

さて話を鼻に戻すと、日本人には考えにくいことですが、実は西洋では鼻は顎とはまさに反対で、一般にあまり話題にされる身体部位ではないのです。すくなくとも日本人のような肯定的な意味合いで鼻の高さ（つまり彼らの言葉での長さ、大きさ）は問題にされません。私はかなりの数の小説や戯曲を読んで、登場してくる人物の顔のどこを作者がどのように描写しているかを調べたのですが、意外なことに鼻に言及したものは殆ど見つけることが出来ませんでした。そんなことはありえない、信じられないと言う方のために一つだけ典型的な例をお目にかけましょう。

（探偵の）エルキュール・ポワロは大きなマホガニー製のデスクの後ろに座っている男の顔をじっくりと眺めた。そしてこの男の眉が太く、唇は薄く、顎の線は貪欲な感じで、そして人の心を見抜くような夢想家の目をしていることを記憶に留めた。

アガサ・クリスティ『ヘラクレスの冒険』

このように鼻の描写だけが抜けていて、しかし顎の説明はちゃんとあるのです。この記述をもとにモンタージュの似顔絵を作れと言われたら困りますね。

ところで日本でよく引用されるフランスの哲学者パスカルの言葉に「もしクレオパトラの鼻がもう少し低かったならば、世界のあらゆる様相は違ったものになっていただろう」〈Le nez de Cléopâtre: s'il eût été plus court, toute la face de la terre aurait changé.〉というのがあります。この発言の解釈は色々あるようですが、私が今ここで指摘したいことは、多くの人がこの原文のフランス語を「クレオパトラの鼻がもう少し低かったならば」と訳しているのは誤訳ではないかということです。フランス語では plus court つまり〈もっと短かったら〉となっているのに、日本人は日本語で〈鼻が短い〉とは絶対に言わないため、フランス語としてはあり得ない〈低かったら〉に変えてしまったのです。その結果として鼻が高いことを何よりもよしとする日本文化特有の立場から、〈クレオパトラは鼻の高い美人であった〉、そこでもし鼻がもっと低かったならば、つまり〈余り美人でなかったら〉、アントニウスが恋におちることにはならなかったかもしれない、そこで世界の顔は違ったものになった、つまりローマとエジプトの力関係が変った可能性があったと言うわけです。

鼻の話の締めくくりとして、日本では狭い意味の西洋には入らないロシアで、鼻はどのようなものとして考えられているかの話をしましょう。このことは長年私の気にかかっていたことですが、それが二十年前、勤めていた大学から当時のソヴィエト科学アカデミー東洋学研究所に派遣されたとき、一挙に解決したのです。仕事の上で私を何かと助けてくれた言語学者のウラジーミル・ベリコフ氏に、とある日ロシアでの鼻に対する人々の受け止め方を尋ねたところ、なんと彼はこともなげに「鼻はペニスだよ」と言ったのです。

以前から私は西欧で鼻を話題にのぼせることが少ないのは、どうも鼻という器官にどことなく猥褻《わいせつ》（obscene）な感じを人々が持っているからではないかと疑っていたので、やっぱりそうだったのかと嬉しくなりました。そこで何か証拠になるものを教えてくれと言うと、いくつかのチャストゥーシュカと呼ばれる押韻四行詩をあげてくれました。これは民衆の間に広く流布している戯《ざ》れ歌が多く含まれているジャンルの歌謡ですが、その一つは次のようなものです。

俺がよ、歌いながら森をぶらついていると、小夜《さよ》鳴き鳥のやつが俺様の鼻に止まりやがった。そこで捕まえようとしたら逃げられちゃった。えい忌々《いまいま》しい、くそ食らえ――

この一見他愛ない歌での〈鼻〉がペニスを指していることは聞くもの全てに明白だから、皆がどっと笑うのだそうです。この歌はゲーテの「野薔薇」の詩を知っているものには、森のなかで男が乙女と出会って云々という内容の類似がとても面白く感じられます。

そろそろ結論をまとめましょう。フランスやイギリス、そしてロシアでも一般に西洋諸国では、鼻の高いことを日本のようにいいことだとは考えません。鼻はむしろ大きすぎる、太すぎる、長すぎることが一般に問題とされるのです。このことはロスタンの書いた『シラノ・ド・ベルジュラック』や、芥川が『鼻』を書くきっかけとなったゴーゴリの『鼻』などによく現れています。ですから日本で鼻の美容整形の殆どは鼻を高くすることですが、欧米では削って低く小さくすることが主なのです。

同じ人間でも風土が違い文化が異なると、私たちの想像を超えたまさかという見方考え方の相違が、鼻という人間なら誰でも持っている体の部位にさえ、このようにいくらでもあるのです。よく言われる異文化理解などというものが決して簡単なものでないことの一端を、この鼻の話から理解していただけたでしょうか。

二　形容詞の中身はなに？

一体、なにを形容しているのか

私たちが言葉を問題にするとき、よく名詞、動詞、形容詞といった文法用語を口にすることがありますね。学校で英語を勉強した人は、副詞や前置詞もあるぞと言うかもしれません。そこで本節ではそのなかで形容詞と一般に呼ばれている言葉には、実にさまざまな面白い問題があることをお話ししましょう。

まず形容詞というものを辞書ではどう定義しているのかを、たまたま手元にある大修館書店の明鏡国語辞典で覗《のぞ》いてみると〈品詞の一つ。事物の性質・状態、人間の感覚・感情などを表す自立語で、活用がある。……〉となっています。このほかの辞書辞典類を見ても、大筋ではこれと殆ど変わりません。ですからここに書いてあることは、私たち一般の常識を示しているものだと言ってもかまわないと思います。

ところがことばの意味を深く研究している言語学者から見ると、人々に広く受け入れられているこのような形容詞の定義は、たとえ間違いだとは言えないにしても、それが当てはまらない場合が多すぎるという意味で、余り正しいものとは言えないのです。

何も言わない形容詞

〈遠い、近い〉という形容詞がありますね。「近くのスーパー」とか「遠い病院へは通うのが大変だ」などと子供でもごく普通に使うこんな言葉に問題があるとは誰も思わないでしょうが、しかしどちらの言葉もスーパーや病院それ自体の持つ性質や状態については全く何も言っていないのです。〈遠い、近い〉という形容詞は、その言葉を使っている人間と問題になっている対象との間の距離の長短について語っているに過ぎないのです。ですから〈遠い〉病院もそれを目指してどんどん歩きつづければ、やがては〈近い〉病院となりますが、だからと言って病院自体の性質や状態が変わったわけではありません。また「近くて便利なスーパー」もアパートを引っ越したりすれば「もう遠くて」行けなくなったりしますが、スーパーが変化したわけではないのです。でも私たちはなんとなく〈遠い〉や〈近い〉という形容詞は、病院やスーパーなどの対象についてなにかを説明していると感じているのではないでしょうか。

この〈遠い〉などと同じく、物や対象自体を少しも形容していないのに、私たちは普通にはそれが対象の持つ性質を表していると思っている言葉に〈珍しい〉があります。「珍しい果物」と聞くと、その果物が何か普通でない特別な色か形をしていると思い勝ちですが、本当はこの形容詞は、「これと同じものが少ない、滅多にない」ことを意味しているだけで、そのもの自体の形や性質については何も言っていないのです。たとえば三角の形をしたお皿は使いにくいとか角が欠けやすいなどの理由で余り見かけないため、〈珍しい〉から売れるだろうと沢山作って売り出したとしましょう。確かに初めは〈珍しさ〉のため買う人がいると思いますが、誰もが持っているようになれば少しも珍しくなくなります。皿の形は少しも変わらないのにです。要するに〈珍しさ〉とは物の持つ性質とは全く関係のない、問題とされているものの仲間や同類が少ないということの表現なのです。

このほかにも対象それ自体については何も言っていないのに、私たちにはその対象の持つ性質を表しているような錯覚を与える形容詞に〈広い、狭い〉があります。広い部屋、狭い部屋といった表現はいかにも部屋そのものの性質形状を表しているように思えますが、実はそうではないのです。旅館に泊まるとき、一人二人なら十畳の部屋はとても広く感じられますが、学生が合宿で二十人も泊まるとなると、これでは「狭くて駄目だ」となります。部屋が広いか狭いかは、その部屋をどのくらいの数の人が、何をするために使うのかによるのです。同様に道が広いか狭いかも、徒歩の人しか通らなかった頃は広かったはずの昔の街道が、車の時代となると狭くなって至る所で道幅を広げることになります。このように〈広い、狭い〉のような言葉は、あるものがそのとき人々の求めている狙い、目的を十分果たせるかどうかについて判断を下すもので、対象の性質については何も言っていないのです。

〈大きい〉と〈小さい〉にも問題が

ところで〈赤い〉のような色彩名は、小さな子供にでも簡単に教えることが出来ます。なにか赤いもの、例えばリンゴとか部屋のすみにある消火器などを指して、この色が〈赤い〉色ですよと教えればすぐ覚えてしまいます。そして一度何かで〈赤さ〉とはどんな性質なのかを飲み込んだ子供は、今度は自分で次々とお姉さんのセーター、郵便ポスト、消防自動車などを見ては、これは赤い、あれも赤いと言えるようになります。赤さに限らず色彩名は全てこのようにそれ自身独立した性質で、どのようなものについても用いることが出来るのです。

ところが〈大きい、小さい〉は違うのです。一見〈赤い〉などと同じく簡単にみえますが、調べてみると実はそうではないことが分かります。今ではごく普通になりましたが、私の若い頃はマンゴーという果物はとても珍しいものでした。そこで初めてマンゴーなるものを店先で見て感心している人に向かって、このマンゴーは大きいのでしょうか、それとも小さい方ですかと聞いたとしましょう。その人の答えは十中八九「分かりません、何しろ初めて見たものですから」だと思います。そうなのです。私たちは日常生活の中でしばしば「これは大きいぞ」とか「なんて小さいんだ」などと言いますが、このように〈大きい、小さい〉で形容できる事物は私たちの見慣れたものに限られるのです。例えば品評会などで片手では到底もてないほどの大きさのリンゴを見た人は、おそらく誰でも「イヤー何て大きいんだ」と叫ぶと思います。人々の頭のなかにリンゴというものは大体これぐらいの大きさのものという、いわば標準的なリンゴの大きさが経験的に入っているからこそ、目の前のリンゴを見てそれが大きいのか小さいのかを言うことができるのです。ところがマンゴーを生まれて初めて見た人は、頭の中に標準的なマンゴーとはどれぐらいの大きさのものかという経験の蓄積がないため、なんとも答えようがなかったのです。

隠れた比較

以上の分析で分かったことは、リンゴが大きいと言うとき私たちは目の前の事物（リンゴ）の性質について直接判断を下しているようでいて、実はリンゴとは大体このくらいのものだという、あらかじめその人の頭に入っているリンゴの平均的標準的な大きさと目前の実物を比較して、その結果、「大きい」とか「小さい」と言っているのです（注1）。ですから私たちはそのことをまったく意識してはいませんが、「何々は大きい、小さい」といった文はそれだけですでに一種の比較文なのです。あるリンゴが大きい、小さいと言うことは、「リンゴとしては大きい、小さい」と言っているわけで、比較の基準はリンゴという果物の種《しゅ》に固有なものであることになります。ですからリンゴの大きさを判断するときミカンやスイカは関係ないのです。そこで当然出てくる問題は、時代や地域によってリンゴの大きさは色々と変化するのだから、人々が皆同意する平均的なリンゴの種としての大きさなど一体あるのだろうかということです。

たしかに以前のように多くの人が狭い自分の村や町を離れずに暮らしていたときは、色々な事物（たとえばリンゴ）に関する人々の知識や経験には余り大きな違いが見られませんでしたから、種の基準はかなりの正確さで様々なものに存在したのです。しかし現在のように異なる地域の間で人々の交流が激しくなると、全ての人に共有される常識はどんどんとすくなくなり、その上世代間での知識や経験も大きく食い違うのが普通になってきました。ですから同じものを巡って、それが果たして大きいのかそれとも小さいのかで、しばしば意見が食い違ったり喧嘩にまでなったりすることがあるのは、それぞれの人が頭の中に抱いている種の基準が同じでなく、しかもこのことを双方がはっきりと意識していないことに原因があるのです。

縦と横の比率が問題

英語には high と tall という形容詞があって、どちらも一応〈高い〉と訳せるのでその違いが何処にあるのかがよく分からなくて、日本の学生たちをしばしば困らせます。

日本語の〈高い〉は問題となる事物の一番上のところが、地面からかなり離れていると感じられるときが〈高い〉で、そうでないときは〈低い〉とされます。山が高い、高く晴れた空、背が高い、高い木、建物、屋根など色々と言えます。

英語の high も今あげた日本語の例に殆ど使えます。ところが tall になると言えるものと言えないものが出てくるのです。tall tree（高い木）はいいのですが、tall mountain とは余り言いません。それはこの形容詞は地面からの高さだけではなく、そのものがもつ幅と高さの比率（バランス）を問題にするからです。高さに比べて横幅が余りないと感じられたとき tall を使うのです。そこで山というものは通例高さに比べて横の広がりのほうが大きいものですから high mountain が普通で、余り tall mountain とは言わないのです。建物の場合は high もよく使いますが、高さに比して幅があまりないと感じられるとき、例えば塔状の建築物は tall tower とか tall building と言います。しかしこの建物を増築して横に広げると高さは前と変わらないのに、tall とは言いにくくなってしまうのです。

人の場合、背の高い人は、幅はそれと比べて一般に小さいから tall と言いますが、背が高いと同時に幅もあるときは big man と言うのが普通です。日本語にはこの英語の tall に当たる、縦横の比を問題にする形容詞がないので、私たちは high と tall の使い分けに悩まされるのです。

〈寒い〉と〈冷たい〉の区別は?

このように日本語と外国語の異同が問題になるようなとき、私たちはしばしば自分の言語の複雑な仕組に気付かされるのです。〈寒い〉と〈冷たい〉の区別がそのいい例でしょう。四十年も前のことですが、私は初めて外国の人に日本語を教える機会がありました。当時早稲田大学に留学していた米国スタンフォード大学の学生たちに一年教えたのです。それまで外国語は色々と勉強していた私ですが、自分の母語を外国人に教えてみて初めて、自らの目で言わば外側から日本語を眺めるという貴重な体験をしました。

ある暑い日のこと、一緒に昼飯を食べに出かけた学生の一人が「先生、今日はあまり暑いから寒いビールでも飲みましょうか」と言ったのです。びっくりした私が「寒いビールは駄目だ、冷たいビールといわなくちゃ」と直すと、彼は「寒いと冷たいは何処が違うのですか、辞書を見てもよく分からないですが」と言いました。こう改まって正面から聞かれると、私は寒いビールが日本語としておかしいことは自信を持って言えるが、どうしてとなると、正直言って相手を満足させる明確な答えがその場では出来なかったのです（注2）。

その直後に調べて分かったのですが、明治以来出版されているどの国語辞典も、この〈寒い〉と〈冷たい〉はどこがどう違うのかをはっきりと述べたものが一つもなく、多くの場合〈寒い〉を結局はどこかで〈冷たい〉を引き合いにだして説明するという同義反復（トートロジー）になっていることが分かったのです。その理由はおそらくこのような易しく身近な言葉をわざわざ辞書で引く日本人はいないから、長い間不十分な説明が問題にもされずに罷《まか》り通ってきたと思われることと、ことばの意味、ことに基本的な日常語を意識的に分析する意味論の研究が、最近まで日本だけでなく世界的にもあまり盛んでなかったことの二つが考えられます。でも今では外国人が日本語を勉強するのは珍しくも何ともなくなり、この人々は私たちにとっては何でもないごく普通の日常語まで、その意味を正しく知ろうと辞書を引くわけですから、日本人が使うことだけを考えてきた伝統的な国語辞典ではない、外国人も使える近代的な日本語辞書が一日も早くできることが望まれます。

さてそこで私なりにこの二つの、意味や使い方がとても良く似ている形容詞の違いを明らかにすることを試みてみましょう。〈寒い〉も〈冷たい〉もどちらも温度が低いときに使われる言葉ですが、何かにちょっと触れて「冷たい」と言うことはあっても、「寒い」とはあまり言わないことが、まず両者の違いを見つける糸口になりそうです。例えば暑い夏の日に水風呂に入ることを思いついて、湯船にザブンと飛び込んだと思ってください。あまりの水温の低さに思わず「おお冷たいー」と声を上げるのが普通でしょう。このとき「寒いー」とは先ず言わないと思います。ところが冷たさを我慢してしばらく水風呂に入り続けていると、今度は「寒くなって」くるのです。このことから両者の一応の違いとして「〈冷たい〉は体の表面が一時的に（そして多くの場合部分的に）温度の低いものに触れたとき感じる感覚であるが、〈寒い〉の方は〈冷たさ〉を体が長いあいだ（多くの場合全身的に）感じ続けた結果として生まれる不快な内部感覚をいう」と説明できそうです。

ですからよく冷えたビールは口や喉《のど》に冷たく感じますが、あまり飲みすぎると体の中から寒くなってくることがあります。〈寒さ〉は〈冷たさ〉よりむしろ全身的な感じと言えるので、気温や気候のことは「寒い朝」とか「寒い冬」と言うのが普通で、「冷たい朝」「冷たい冬」のような表現はあまり耳にしないのです。とは言っても、どちらも感じ方の問題ですから、「今日の風は冷たいぞ」と並んで「外は寒い風が吹いているよ」

といった表現はどちらも可能です。風に触れたときの直接の感覚を言うのか、それともその風に晒《さら》された結果生まれるであろう感じを先取りして表現しているのかの違いだと思います。ところで私の知っている限りの外国語で、温度の低さをこのように二通りのことばで区別するものがないのも面白いことだと思います。

以上説明したように私たちが日常何気なく、しかも絶対に間違わずに使っている形容詞は、意識的に分析してみるとかなり面倒な規則や細かい違いを含んでいるものなのです。そしてこのことは外国語と自分の言語を意識的に対比させるときに一番はっきりと現れてきます。ですからこれからは是非このような思いがけない意味の微妙な違いを知って楽しむことも、外国語勉強の目的の一つに加えることをお勧《すす》めします。

三　江戸時代、「日本酒」はなかった

日本酒 vs. 洋酒

私たちは知り合った相手が酒好きと判ったとき、よく日本酒ですかそれとも洋酒ですかなどと訊ねたりしますね。言うまでもなく日本酒とは日本古来の米の酒のことで、洋酒とは明治以後西洋諸国から新しく入ってきたウイスキーやブランデー、そしてコニャックなどを指すのが一般のようです。洋酒とはもちろん西洋酒の省略です（それならばビールやワインも洋酒かというと、何故か普通はそうは言わないようですが、今はこのような細かい点には深入りしません）。

ところが西洋の酒など一般の日本人が日常の生活で飲むことは勿論、見たことさえなかった時代には、人々が飲む酒は当然今で言う日本酒に限られていたはずです。ですか

らこのように米で造った日本の酒だけしかないときには、それをわざわざ日本酒と断る必要がないのですから、日本酒という言葉はありませんでした。これが「酒が日本酒しかなかった昔は、言葉としての日本酒がなく、したがって誰も日本酒なんて飲まなかった」わけです。

このように以前からずーっとあったものが、ある時点で何かこれと密接に関係し対応する別の似たものが現れてきたために、改めてそれとの関連で新しい名で呼ばれるようになる、つまり再命名されるという現象は、新語の誕生の一つと考えることができます。言葉というものはこのように、新しくあるものが生まれたり、またはそれ自体が少しも変化したりしなくても、そのものと他者との関係が変わるだけで新しく生まれるものなのです。

この日本酒と全く同じ仕組による新しい言葉が、明治以来日本語には数多く生まれました。日本茶、日本食、日本人形、日本間、日本舞踊、日本髪、日本画、日本紙、日本音楽、日本文学、日本犬などいくらでも挙げることができます。これらは皆外国から新しく入ってきた同類のものが、大きな意味では在来のものに対応するけど、それでも色々な点で違うので、それらと区別対比させるために改めて〈日本〉をつけたのです。

ですから日本語にはいまでも日本人形―西洋人形、日本音楽―西洋音楽のように西洋〜と対をなす日本の付いた言葉が沢山あります。

この対語《ついご》的に用いられた西洋〜は、多くの場合〈西〉を省いてただの洋〜として洋食、洋服、洋間、洋犬、洋画などの言葉を作っています。そして日本〜の方も単に〈日〉と短縮されて日舞（日本舞踊）などの言葉を生んでいますが、洋〜との対語としてはむしろ和食、和菓子、和服、和室、和紙、そして邦画、邦楽といった具合に和や邦のほうがよく用いられているようです。

逆転勝ちと逆転負け

ところでこのように、あるものや事柄それ自体は以前からちゃんと存在しているのに、それを取り立てて言う言葉がないという現象は、その気になって考えてみると実はわれわれの身の周りに結構ある事に気付きます。たとえばいま野球の放送を聴いていると、しばしば「逆転負け」という表現を耳にしますが、しかし私のような年寄りにはこの言い方がとても面白く感じられるのです。それと言うのも以前は「逆転勝ち」とは言っても、「逆転負け」という言い方はなかったからです。誰もが負けると思っていたチームが土壇場で試合の流れを逆転させて勝ったときの、観客が受けた意外な驚きを、このチームは「逆転勝ち」したのだという言い方で強調することはあっても、負けた相手のチームを形容する言葉は特にはなかったのです。

それが戦後になって野球の人気が高まると共に、色々な新しい表現が生まれましたが「逆転負け」もその一つで、これは試合が最後になって突然迎えた意外な結末に、それまで勝つと誰もが思っていたチーム、つまり予想に反して敗者となった側の人々が抱いた、「何とも残念、惜しかった、悔しかった」という気持ちを表現した新しい言葉なのです。

旧制大学と新制大学

今から半世紀ちょっと前、私がまだ大学在学中に戦後日本の教育制度が大きく変わり、それまでの古い大学は新しいタイプの大学に取って代わられることになりました。とは言っても古い大学の学生が残っている限り、それを直ぐ無くすわけにもいかないので、何年かの間は新旧二つの違ったしくみの大学が併存することとなりました。そこでこの二種の大学を区別する必要から、「大学といっても新制のほうです」とか、「いや私は旧制です」のような会話がしばしば聞かれるようになりました。

これはまさに日本酒の場合と同じく、旧制大学しかなかったときは旧制大学という言葉がなくて、それと対比される新制大学が生まれて初めて旧制大学という呼称が生まれたわけです。ところがこのような教育制度の移行期において新旧二つを区別する必要から生まれた呼び名は、やがて対比される古い大学が完全に姿を消して全ての大学が新制となると、新制大学も旧制大学も言葉としてはどちらも聞かれなくなり、大学はすべて皆ただの大学に戻りました。

教育の話のついでに、戦後導入された男女共学に関しても同じようなことがあります。今日本ではあらゆる教育の場で男女共学は珍しくありませんが、戦争前は一部の小学校で実験として低学年のクラスに男女組という共学が見られただけで、学校はどこでも男女を隔離するのが一般的でした。ですから当然男女別学という言葉はありませんでした。ここでも事実があるのにそれが当たり前であるために、特にそれを呼ぶ言葉がないという命名の一般則が見られます。そして今では男女共学が原則となった教育の場で、私立では男女別学が多く見られるなどと言われるのです。

旧姓と新姓

大分前のことですが、ある女子大学の卒業者名簿を見ていて面白いことに気が付きました。なんと卒業者の氏名がかつての在学当時のままの姓名で出ているのです。これを読んで「当たり前じゃないか、どこが面白いのか」と思うのは男の人です。今の日本では殆どの男子は養子にでも行かない限り、結婚しても姓が変わることはないので、在学当時の姓名で編集した卒業者名簿でも、昔の友人を探すことができるからです。

ところが女子の場合、大半の人は結婚して姓が変わってしまうので、現在の姓で名簿を作られると、自分の昔の知り合いを探すことは至難の業《わざ》となってしまいます。そこで名簿は昔の姓名で編集して、結婚などで姓の変わった人はこれを新姓として、もとの姓の後ろに付記する方法が取られているのです。この新姓という言葉は以前からあった旧姓を踏まえて作られた新語で、このやり方は、女性が名簿でかつての同級生の住所や消息などを知ろうとする時は本当に便利だと思います。私が調べた限りではまだこの新姓という語を採録している国語辞典はないようです。私は格別フェミニストではありませんが、この便利な新語を是非早く正式の日本語に加えるべきだと思います。

急行と鈍行

気が付いてみると近頃普通列車の呼び名としての〈鈍行〉という言葉はあまり耳にしなくなったと思います。この〈鈍行〉は〈急行〉や〈準急〉などの正式名称とはちがう民衆造語とでも言うべきもので、国民一般の経済状態がまだよくなかった時代では、割高な急行料金を払う余裕のない学生などが、時間がかかり座席も固い普通列車で遠距離を旅するときなど、ユーモラスでどことなく自嘲の響きもある、この急行をもじった〈鈍行〉を使ったものでした。〈鈍行〉とは何の変哲もない普通列車に違った光を当てることで、冷たい現実をどことなく暖かくする効果を狙った言葉だと思います。

新語の辿る運命の違い

このように新語の生成を改めて検討してみると、生まれた後にこれらの言葉の辿《たど》る道は様々であることがわかります。新制大学という呼び名はそれと区別すべき旧制大学が完全になくなると、その言葉自体も消滅してしまいました。しかし逆転負けという新しい言い方は元からある逆転勝ちと並んで、立派な用語としての地位を確保しています。そのわけは、この語がある一つの現象、つまりスポーツの試合の結果について、これまでなかった見方、新しい視点を加えたものだからです。表現者が勝者敗者のどちら側に立って結果を見ているかを明らかにしたわけです。だからこの二つは両立する言い方なのです。

ところではじめに取り上げた日本〜と西洋〜の場合はどうでしょうか。日本語のなかにこのような日本〜という語彙が増えだしたのは言うまでもなく明治以来、欧米諸国、つまり当時の言い方での西洋から珍しい事物が次々と輸入されたことがその原因です。しかし海外から持ち込まれた事物に、日本国内に対応するものが全く見あたらなかったときは、多くの場合新しいものと一緒に、そのものを指す外国語名もそのまま取り入れられたのです。パン、バター、そしてチーズなどがいい例で、はじめは何とか日本語で言い表そうとする努力が色々となされたのですが、結局は外国語名そのものが、外来語として日本語の中に加えられることになりました。

ところが酒や人形の場合は、新しく輸入されたものにほぼ相当するものが以前から日本国内にありながら、両者は様々な点で全く同じとは言えず、扱いや性質もかなり違ったために、外国渡来のものを西洋酒とか西洋人形と呼んで、在来の対応物と区別したわけです。

しかしここで問題があります。一般にどの国どの言語でも外国から渡来した新奇な事物は、渡来元の（と考えられた）地名をつけて旧来の土着物と区別するものです。日本で以前よく耳にした朝鮮人参、支那茶、インド更紗《さらさ》、そして古くは紅《くれない》（呉《くれ》の藍《あい》）、唐芋《からいも》、唐《とう》きび、ジャガ（タラ）芋などがそれです。しかしだからと言ってその際それまであった在来の対応物のことを、改めて日本〜と呼び直すことは起こりませんでした。

日本と同じくイギリスでも、これまで隣国のフランスから数々の新奇な事物を取り入れています。その結果として英語のなかにはフレンチ〜という、渡来元の呼び名をかぶせた沢山の言葉があります。フレンチ・ウィンドー、フレンチ・トースト、フレンチ・キス、フレンチ・リーブなどどんどん出てきますね。しかしだからと言って英国では在来の窓をイングリッシュ・ウィンドー、それまでの普通のトーストをイングリッシュ・トーストなどと改めて呼び直したりはしませんでした。この点はロシアでも同じで、日本の着物のことは日本を意味するヤポンスコエをつけてヤポンスコエ・プラーチエといいますが、在来のロシアの衣服はプラーチエのままです。それなのに明治以後の日本だけは外国渡来のものに〈西洋〉を被せただけに止まらず、対応する在来の事物にも改めて〈日本〉を付ける、つまり在来の事物を再命名することを行っているのです。これはどうしてでしょうか。

二つの文明が併存する

私の考えたこの珍しい現象の謎解きは次のようなものです。明治以後の日本は世界でも稀《まれ》な二文化併存の社会となったからです。考えてみれば直ぐわかりますが、私たちは日常生活や社会のあらゆる面において、常に西洋的な外来文化要素と在来の日本的なもののどちらかを選択する必要に迫られてきたのです。酒のことは前に説明しましたが、「音楽が好きです」といえば「洋楽ですか邦楽ですか」と聞かれますし、大分前のことですが私の母は父が外出すると言うと、必ず「和服になさいますか、洋服ですか」と訊ねていました。どちらにするかによって準備に大変な違いがあるからです。いまでも客に出すお菓子を和菓子にするか洋菓子にするかで、お皿から茶碗、そしてお茶そのものまでまったく別になるのが普通です。

これに比べて諸外国では日常の生活の基本は衣食住の全てにおいて、いまでも殆ど従来からの自国のものだけで占められていて、時たま何かの折に外国渡来のものが顔を出すだけです。ですからこの言わば特別なときだけそれに渡来元の国名をつけて、在来のものではないことを示せばよいのです。

しかしこのようにたまにではなく、日常毎日の生活のあらゆるところで日本風《ふう》か外国式かを選ぶことを迫られた近代日本人は、日本〜か（西）洋〜かを常に意識して使う必要があったのです。この傾向は（例えば和服と洋服のバランスが崩れた現代では）たしかに以前より弱まってきましたが、それでも他の国々の場合に比べると、まったく異なる東西二文化、いや時には中華を加えた三文化が相互に溶け合わず独立して併存の状態にある日本の社会状況は、世界的に見てかなり突出したものなのです。

私は外国で日本文化について講演をする際に、息抜きに、なぜ日本の家庭の台所が、アメリカやフランスの家庭のように綺麗に片付いていることが少ないのかの話題によく触れました。その理由の大きなものとしてまず伝統的な日本の飲食関係の道具類の複雑多様なことが挙げられます。お茶一つとっても番茶、煎茶、玉露で茶碗を初めとする道具類がそれぞれ違います。お皿や器も食べ物の種類、大きさ、形や色の違いに応じて色々と揃えてありますし、これらは季節によっても変化します。これだけでも欧米のすっきりと画一で規格化された食器のセットと比べると大変に複雑ですが、そこに西洋式の食器がティーセットをはじめとして色々と加わっている家が普通です。日本人は少し前までは全てを箸《はし》だけで食べていたのに、今ではナイフ、フォーク、スプーンのような、ものを食べるためのいろいろな道具類も引き出しをぎっしりと埋めています。しかもそのうえ家によっては、更に中華料理の道具一式まで揃えてあるといった具合ですから、日本の台所は様々な異なった食事文化が併存し、それらの複合状態に置かれているのです。これではなかなかすっきりとは片付かないのも道理です。

このようなわけですから〈日本酒〉といった言葉の由来一つでも、実は日本の文化のあり方が複数の異質な要素が交じり合い渾然《こんぜん》と溶け合った雑種状態というよりは、それぞれ性質を異にしたいくつかの文化要素が、状況に応じて入れ替り立ち代り現れるという極めて特殊な多種併存性を持っているという事実を抜きには論じられないことがこれでお分かりだと思います。私の言語学が終始一貫して言葉と文化の密接な関連を強調してきたわけもここにあるのです。

第四章　日本語に人称代名詞は存在しない

一　身内の呼び方の方程式

自分の子供を何と呼ぶ？

私たちは毎日の生活の中で自分たちが使う言葉をあまり意識しないものですが、でもふとしたことがきっかけになって、どうしてそうなのだろうと考え込んでしまうことがよくあるものです。ここで取り上げる「私たちは日常生活の中で相手を一体どんな言葉で呼んでいるのか」というテーマも、改めて考えてみるとそこには普段気付かない面白いこと、不思議なことが続々と出てきます。

そこでまず手始めに私たちは家の中で、いつも家族同士どんな言葉を使って互いに話をしているのかを考えてみましょう。

今多くの家では子供は父母と話すとき、〈お父さん、お母さん〉あるいは〈パパ、ママ〉といった言葉を使うのが普通だと思います。これより数は少ないのですが〈父ちゃん、母ちゃん〉そして〈お父様、お母様〉のような言葉も一部では使われています。その他にも色々な用語、たとえば〈親父《おやじ》、お袋〉などが聞かれますが、これら全ては形こそ多少異なり、言葉のニュアンスもいくらか違ってはいますが、どれもみなその中心的な意味として父概念、母概念を持っているものです。そこで次のような一般論がなりたちます。「今日《こんにち》日本の標準語（東京方言）では、子供が父母に向かって話すときには、父概念または母概念を含む言葉（親族用語）を使うことができる」。

これを読まれて、学者って人間は、なんて下らないことをもったいぶった言い方で言うのか、父親だから〈お父さん〉、母親なら〈お母さん〉と言うのは当たり前で、何の不思議も面白いこともないじゃないかと言われる方がきっといらっしゃると思います。でも事はそう簡単ではないのです。父親だから〈お父さん〉、母親だから〈お母さん〉と呼べるのだと言うならば、親が自分の息子や娘を、息子だから〈息子〉、娘だから〈娘〉と呼べるかと言うと、何とこれはできないのです。いや息子、娘に限りません。自分の孫にも〈孫ちゃん〉などと話しかけることができないのです。子供たちの間でも兄や姉は弟や妹に〈弟、妹〉を使って話しかけることはできません。

このような点を、それならばお祖父《じい》さんやおじさんに対してはどうだろうか、甥《おい》や姪《めい》に向かっては何と言っているのかと詳しく調べてゆくと、日本人の親族内部での相手を指す言葉の使い方には、何とも面白い整然とした言語社会学的な決まりがあることを、私は見付けたのです。

家族内で使う言葉とは

一、親族用語が使える場合

私たちは相手が自分より目上（殆どの場合は年上）の親族のときは、その人を親族用語で呼ぶことができます。そこで父母、祖父母、おじおば、そして兄と姉には、実際に用いる語形には色々と変化はありますが、〈お父さん、おばさん、兄さん〉といった具合に、親族概念を含む言葉を使って話せるのです（これまでの日本社会では実年齢と親族内の地位が衝突したときは、一般に親族の地位が優先しました。たとえば以前は一家に子供が沢山いたので、父の年少の弟や妹が父の子である自分より年下であることがよくありました。この場合は自分より年が若くてもおじさんおばさんと呼んだものです。

また兄のお嫁さんが自分より年下の場合でも姉とみなしてお姉さんと呼ぶことが普通でした）。

これとは反対に自分より目下（年下）のものには親族用語は使えません。だから父親は息子に向かって「オイ息子（または倅《せがれ》）」などと呼びかけることができないし、兄さんは妹に向かって「妹ちゃん遊ぼうよ」とは言えないのです。

二、名前で呼ぶことができる場合

私たちは自分より目上の親族に向かっては、その人の名前を原則として言うことができません。これとは反対に目下のものはみな名前で呼ぶことができます。しかし年の近い姉妹の場合、妹が姉を名前で呼ぶことは近年増えているようです。でもアメリカなどでよく見られるような、自分の父母を名前で呼ぶ人は日本にはまだいないと思います（十年近く前に若くしてなくなられた国語学者の徳川宗賢氏は、あるとき私に徳川家では色々な変わった習慣が残っていて、自分たちは母親に向かって「～子さん」と名前で呼んでいますと話されたことがあります）。

三、人称代名詞が使える場合

自分より目上の親族には原則として〈あなた、君、お前〉などのいわゆる人称代名詞を使うことはできません。もし自分の父親を息子が〈お前〉などと呼ぶことがあれば、その親子関係はすでに破綻《はたん》していると考えてよいでしょう。しかし母親に向かって成人した娘が〈あなた〉を平気で使う例はかなり前からしばしば報告されています。

また兄や姉と話すときも人称代名詞だけでなく名前も使えないので、結局親族用語を使うことになります。これに対して目下のものにたいしては全て人称代名詞が使えます。ところで兄や姉がそれぞれ複数いるときは、区別のために太郎兄さんとか良子姉ちゃんなどと名前をつけることができますが、名前だけでは駄目なのです。

このように見てくると、現代の標準語では親族用語、名前、そして人称代名詞の三つのうち、対称詞として目上に使えるのはなんと〈お父さん、お祖母さん、お兄さん〉のような親族用語だけだということになります。この驚くべき事実は私が三十年ほど前に明らかにするまでは、そのことをはっきりと指摘した人はいませんでしたが、そのわけは現象が余りにも身近で卑近なものであったため、誰も改めて注意を向けなかったからでしょう。親に向かって人称代名詞を使うことは出来ないなどと誰も意識してはいなかったのです。

ところでこの前の戦争のとき、国民の士気を高める目的で、いろいろな勇ましい歌が作られラジオなどでよく放送されました。その一つに「父よあなたは強かった」（福田節作詞、明本京静作曲、一九三九年）という歌がありましたが、この歌を聴いた私の家では言葉遣いがおかしいのではと家族同士で話題にしたのを覚えています。遠い戦地にいる父親に呼びかけ励ます内容の歌ですが、「父よ」という呼びかけは日本語としてはなんとも異様で、その上「あなた」と自分の父親に話しかけることもありえないというものでした。

また、ロックミュージックが流行った頃、私は知りませんでしたが「スターリン」というバンドの遠藤ミチロウという音楽家が「父よ、あなたは偉かった」という曲を作って演奏した由《よし》です。この曲名が先に触れた「父よあなたは強かった」を意識したものかどうかはわかりませんが、このように現代の日本では、ある人が自分の親に呼びかけたいという近代的な気持ちを具体的に親族用語や代名詞で表現しようとすると、日本人にはまだそれに対応する言語心理上の用意が出来ていないための違和感が、私たちのような世代の人間には感じられるのです。

相手に対して自分を表す言葉

私たちが家の中で対話をするときには、相手を適当な言葉で呼ぶだけでなく、相手に対して自分をも何らかの言葉で表現する必要が一般にはあります。この自分をさす言葉は英語などのヨーロッパ語では一人称代名詞を使うのが普通です。ところが日本語ではそう簡単ではありません。実は様々な言葉が状況によって自分を指す言葉として用いられるので、私はこれらを総称して自称詞と呼ぶことにしていますが、これを既に検討した、相手に対してどんな言葉を使うのかの対称詞の場合に倣って、とりあえず親族用語、名前、人称代名詞の順でみてゆきましょう。

一、親族用語で自分を指すとき

自分より年上の相手に対しては、親族用語で自分を表すことは出来ません。例えば娘は母に向かって「それ娘に頂戴」などとは言えないのです。反対に目上の者は目下と話すとき、自分を相手から見た親族用語で称することが出来ます。したがって日本語では〈お祖父さん、お祖母さん、おじさん、おばさん、お父さん、お母さん、そして兄さん、姉さん〉は、その変形をも含めて相手が年下の場合、自分を指す自称詞として使えますが、〈息子（倅）、娘、孫、弟、妹、そして甥と姪〉は自称詞としては使えないのです。

二、名前は誰が使うのか

相手が自分より年下のときは、名前で自分のことを言うことは出来ません。ですから父母は子供に対して自分たちの名前を自称詞として使うことがないのです。兄姉も弟妹に対しては自分たちのことを名前では言いません。ところが年下のものが年長者と話すときは、自分のことを「それ良子に頂戴」とか「太郎これ嫌いだ」などと名前で称することができます。この名前による自称は、男の場合には年が小さいうちに限られているようですが、女の場合はかなりの年の人にもみられます。

三、人称代名詞を使うとき

現代の日本語で一人称代名詞と普通考えられているものには、私、僕、俺などがありますが、これらはみな家族内では相手の上下の区別なく使えます。ただしそこには〈僕〉や〈俺〉は殆ど男が使うといったスタイルの差がありますし、また使えるとは言ってもどの言葉を選ぶかは状況によりますし、誰のことかがわかるときは省略されることが殆どです。また高齢のあるおばあさんが、日常の生活の中で一人称代名詞どころか、およそ言葉で自分を表現することを全くしないケースも報告されています。この例でもわかるように日本人は一般に自分を指す言葉を余り使わない傾向があります。これは殆どのヨーロッパ語で、自分を表す代名詞は先ず省略されることがないことと比べて興味のある現象です。

このように見てくると日本の家庭内での自分を示す自称詞、相手を指す対称詞の使い方は一見かなり複雑なものに見えますが、その全体を貫く基本原理は、目上目下という日本人の伝統的な人間関係を支配する上下の意識です。一般に戦後の日本社会では古い考え、伝統的な人間関係がどんどん消え去り、そのことが言葉の上でも敬称や敬語の簡略簡単化などに現れています。しかし今見てきたような、お互いが家の中で話をする際の自称詞、対称詞の面では、この変化の進み方がとても遅いように私には思われます。

そこでこの、目上目下をはっきり区別するという観点から改めて自称詞、対称詞の問題を、家族内の人間関係を示す簡単な模式図を使って整理したのが次ページの図です。

ところでこのような家族内での、相手が目上か目下かで自称詞と対称詞をはっきりと使い分ける言語慣習と同じものが、面白いことに家族外の社会的な場面にも、そっくり見られるのです。このことは別の言い方をすると、日本の社会そのものがこれまでは拡

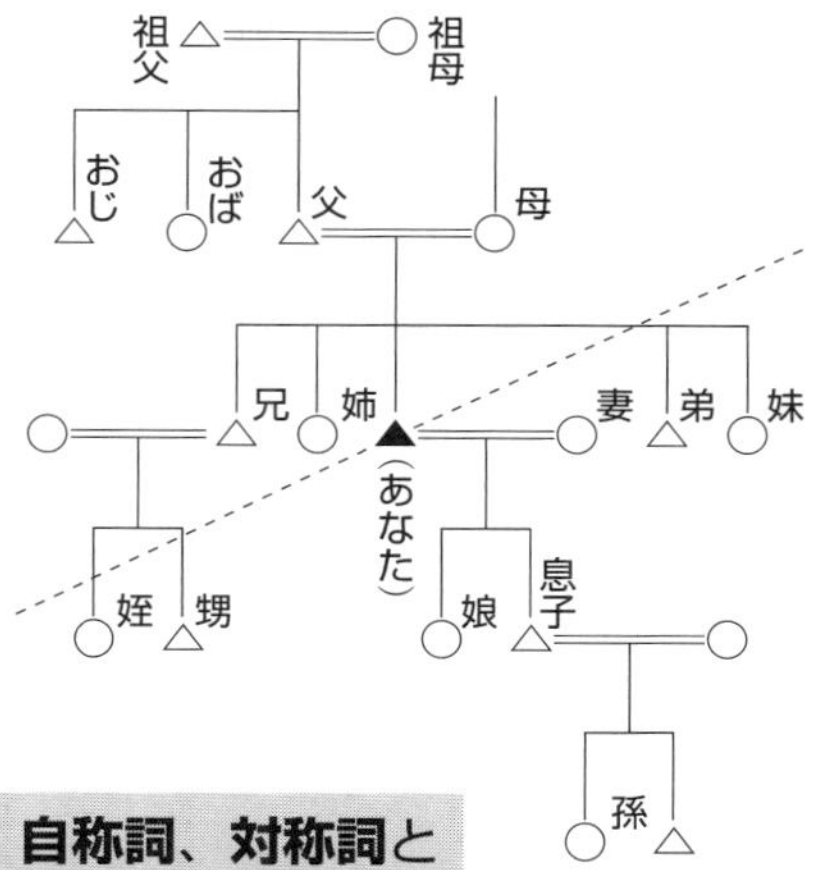

自称詞、対称詞と家族内の人間関係

あなたは上下分割線の上方の親族を
(1) 名前で呼ぶことはできないし
(2) 人称代名詞でも呼べない
(3) 親族用語で呼ぶのが普通

あなたは上下分割線の下方の親族を
(1) 名前で呼べるし
(2) 人称代名詞でも呼べるが
(3) 親族用語で呼ぶことはできない

あなたは分割線の上の親族に向かって自分を
(1) 名前で称することができるし
(2) 人称代名詞でも言えるが
(3) 親族用語で称することはできない

あなたは分割線の下の親族に向かって自分を
(1) 親族用語で称することができるし
(2) 人称代名詞でも言えるが
(3) 名前で称することはできない

大家族原理で構成されてきたために、上下の別をはっきりさせる家族内での言葉の使い方が、一種の擬似家族としての社会集団内にも見られるのだと言えるのかもしれません。

職場や学校で使うのは

先ず会社や官庁のような職場を考えて見ましょう。自分の上司、上役といった人には、その人の名は勿論のこと姓を呼ぶことも一般的ではありません。多くの場合目上の人には相手の役職名で、「部長、お電話です」とか「課長はこの案に賛成されますか」などと対応するのが普通のようです。このような例は大臣、社長、専務、所長、学長、理事長などいくらでも増やすことができます。これは家庭内で目上をそれぞれの親族の地位にふさわしい名称、例えばパパとかお兄ちゃんなどと呼んで会話を進めることと一致します。

しかし人間関係が余り格式張らない職場では、目上を役職名ではなく相手の姓に〈さん〉をつけて「山田さん」などと呼んでいるのがしばしば見られますが、これも家族内で年の近い親密な関係にある姉妹などで、妹が姉を名前で呼ぶことがあるのと同じです。人称代名詞の使い方も家庭内と同じで、普通は目上、上司にたいして、よほどのことでもない限り〈あなた、あんた〉などの代名詞を使うことはありません。

では目上は目下に対してどう言語的に対応するのかと言うと、「オイ、君、ちょっと」と人称代名詞だけで済ますか、「山本、済まんがこれ頼むよ」、または「山本君（さん）これやってください」といった具合に、姓だけか、あるいは〈姓＋君〉、または〈姓＋さん〉の形が普通だと思います。この用法も家の中では目上だけが目下を名前や人称代名詞で呼べることに対応しています。

また学校では生徒や学生は先生に向かって、〈先生〉とか〈教授〉などと相手の地位名を呼んで、人称代名詞や名前は先ず使わないのが普通です。しかしどの先生かを区別する必要のあるときは〈～先生〉のように姓をつけますが、これは家で兄姉が複数いるとき〈～兄ちゃん〉と名前をつけて呼ぶのと全く同じです。また一般に下級生は上級生を〈姓＋さん〉で呼ぶことが多いようです。大学のクラブなどでは、〈先輩〉が上級生に対する呼びかけ語としてよく用いられています。ただし上のものが下のものを〈後輩〉とは呼べないことは、家庭内で兄が弟を〈弟〉と呼べないことに対応します。

ところで目上である先生は、男子生徒を名前で呼び捨てにするのが以前は普通でしたが、近頃名前に〈さん〉や〈君〉をつける学校も増えているそうです。また上級生は顔見知りの下級生に対しては姓を呼び捨てにしたり〈お前〉で話をするのが普通ですが、余り親しくないときは、ただ〈君、お前〉のような人称代名詞だけで済ますようです。しかし喧嘩対立など、心理的に相手との人間関係が破れたときなどは〈貴様、おめえ、てめえ〉といった罵《ののし》りに近い代名詞も聞かれます（方言によってはこれらの言葉がごく日常的な代名詞である場合もあります）。

広く一般の社会的場面で

現代社会に暮らす私たちは、しばしば見知らぬ人と言葉を交わす必要がありますが、その際、相手にどのような言葉で呼びかけたらよいか戸惑うことがよくあります。

子供なら大人に対して、〈おじさん、おばさん〉、相手が若ければ〈お兄さん、お姉さん〉などと相手を擬似親族とみなした呼びかけができますが、一番困るのは知り合いでもない大人同士の接触でしょう。〈そちら、あなた、おたく〉など色々と試みられていますが、どこかしっくりしないため、できるだけ相手を言葉で特定しないで会話する苦肉の試みが色々とされています。でも相手の職業が分かれば、電気屋さん、植木屋さん、お医者さんといった具合に、話を進めていけます。

こんなわけで日本語は上下親疎に関係のない自由な言葉のやり取りが、まだ十分発達しておらず、開かれた近代社会の要求に対応し切れていないと言えるでしょう。そこで日本語を更に開かれたよい言語にするため、私がここにその一部を示したような身近な日本語の意外な側面にもっと多くの人が目を向けて、どうしたらよいかの解決策を重要な言語問題として議論しあうことが大切だと思うのです。

二　日本語の人称代名詞を巡る問題

西洋の言語と違う日本語

日本の近代言語学は、明治に始まる全ての新しい学問がそうであったように、なによりも先ず西欧の当該学問の成果を急いで学び吸収し、これを規範基準として日本語を記述し西欧諸語との異同を問題にするといった流れの中で成長してきました。ここで取り上げる「話し手が自分を指す言葉と相手を指す言葉」、つまり普通には人称代名詞とよばれている言葉の問題も、もっぱら西欧語との比較で論じられてきたのです。でもこれは無理もないことで当時は言語学に限らず人間のあり方全てに関して西洋が基準でした。

しかし二十世紀も半ばとなると人類のあらゆる側面、つまり言語、社会、文化、宗教、そして人間そのものまでが、それまで欧米人が主張していたような西欧のすべてが進歩発展の最先端であって、ほかの人種、そして言語などの非西欧の文化文明は発達の遅れた段階のものであるという、人類の一元的な進歩発達の考えが至る所で揺るぎ始めたのです。

しかしどういうものか日本語にたいする日本人の態度には、未だに日本語は西洋の言語に比べて近代的な社会の運営には適さない、不便で遅れた言語だという考えが強く見られます。扱いの面倒な漢字や仮名をやめて表記を国際性のある簡単なローマ字に変えるべきだとか、英語を第二公用語として採用すべきだといった提案などが跡を絶たないのも、意識無意識のうちに日本語を西洋の言語と比べて違うところを気にしているからなのです。

しかしこの「劣っているとされる日本語」を日本人が使いながら、あっと言う間に西洋の学問技術そして経済に追いつき、ところによっては追い抜いてしまったという事実、また日本は今でも世界で最も識字率の高い教育の普及した国であるといった明白な事実があるにも拘《かかわ》らず、それでもなお日本語は能率が悪い、漢字は教育の妨げになると言い立てる人々は、何のことはない、日本が全ての点で西洋と同じでないことに引け目を感じ、そのことが気になって夜も眠れなかった明治大正時代の西洋中毒、西洋心酔病からまだ抜け出られない人々なのです。

人称代名詞はない

今でも日本の学校文法では日本語の人称代名詞は西洋の言語に比べると数が多いとしています。そしてこのことを封建的身分制の名残《なごり》だと見る学者もあります。しかし私の研究によるとこのように記述することは全くの間違いで、日本語には西洋の言語に見られるような人称代名詞は数が多いどころか、むしろ存在しないと言うべきなのです。最近はこの考えを支持する研究者が増えていますがまだ常識にはなっていません。まずこのことを説明しましょう。人間が話をするときはどんな場合でも、必ず話し手と聞き手の二人が必要です。ただそのとき自分と相手との関係を、どのような角度から眺めてそれをどう表現するのかの仕方が言語によって全く異なるのです。西洋の言語のやり方が唯一絶対ではありません。

ヨーロッパの言語の殆どは、言語学上はインド・ヨーロッパ語族という大きなまとまりに帰属しますが、どの言語も太古の昔から一人称、二人称、そして三人称を含む人称代名詞という特殊でまとまったグループの用語を持っています。これらの人称代名詞は起源上何か他の具体的な意味を持つ言葉が代名詞に転用されたというものではなく、元々人称代名詞専用の言葉であることが多いのです。そして一人称代名詞の役目は、今話をしているのは他ならぬこの俺様だよということを明確にすることです。そして二人称代名詞の役目は、俺の話は他の誰でもないお前に向けられているのだよということを相手に確認強調することなのです。つまり一人称二人称とは、言葉の発信者と受信者が誰かを、話し手が明らかにするための言語手段なのです。三人称はこれ以外の人、または事物を指す場合です。

ですから一人称二人称の代名詞はなくても別に困らないのです。口を開いて話を始める人が、わざわざ今話しているのは他でもないこの俺だと断らなくても、周りの人には誰が話しているのかは大抵の場合分かるものです。また話しかけられた方も自分が話の相手になっていることは話者の様子で分かります。だから動詞の語尾変化で人称を示せるような言語、例えばラテン語やスペイン語などでは特に強調する場合以外は人称代名詞を使いません。そして日本語のような言語では人称代名詞なるものがそもそも存在しないのです。

影が薄い代名詞

明治の日本の文法家たちが日本語で英語の一人称代名詞のIや、二人称の you に相当するものは〈私〉や〈お前さん〉だとした根拠は何かと言うと、これらの言葉はそれぞれ話し手および聞き手を指しているからだというものです。そして話し手を表わす言葉は、このほかにも〈俺、僕、拙者、手前、こちとら〉など次々に出てきますし、相手についても〈貴様、あなた、お手前、そちら様〉といった具合にいくらでも考え付きます。だから日本語の人称代名詞は数が多いということになったのです。

しかし私は日本人が毎日の生活の中で実際にはどのような言葉を自分および相手に使っているのかを調べて見たことがあります。その結果は意外なものでした。人々は文法家たちが人称代名詞と呼んだ語彙はあまり使っていないのです。ことに親族の間で目上の人と話すときは、前節「家族内で使う言葉とは」のところで指摘したように、この所謂《いわゆる》人称代名詞は使うことが出来ないという規則があるため、使えないのです。その代わり〈父、母、おじ、おば、兄、姉〉といった親族名称が多用されます。

社会的な場面でも人々は出来るだけ相手の職業名〈お巡りさん、運転手さん〉などや〈旦那、奥さん、先生、課長、社長〉といった相手の職業や地位を示す言葉を適当に使い分けたり、親族用語を擬似的に用いたりして所謂人称代名詞をなるべく使わないで済まそうとしていることが分かったのです。学校や病院などでは相手が年少者の場合、大人は自分のことを〈私〉と言わず〈先生、お医者さん、看護婦さん〉などと職業名で呼ぶことも普通でした。これは英語などのヨーロッパ語では、人が口を開けば人称代名詞が相手の目上目下を問わず、必ず出てくるのと対照的です。

自称詞、対称詞、他称詞と呼ぶべき

明治以来、日本の文法家が〈私、あなた〉などを人称代名詞とした根拠は、すでに述べたようにこれらの言葉が、話し手あるいは聞き手を指しているということだけでした。しかし話し手が自分を指す言葉ということになると、親族用語の大半はその目的で家庭の内外で頻繁に用いられますし、今言った〈先生、旦那、お医者さん、看護婦さん、運転手さん、お巡りさん〉といった呼びかけ言葉も、相手を指すという働きをしている点では同じです。そこで日本人は日常生活の中で自分および相手を、どのような言葉で指したり呼んだりするのかということを全体として把握しようとすれば、所謂人称代名詞を問題にするだけでは十分でないどころか、肝心な部分は抜けてしまうことになるのです。

また日本語の自分や相手を指す言葉が、西洋語の人称代名詞と同じものとして論じることが出来ないもう一つの理由は、〈私、あなた〉のような語は、その全てが起源的には何か具体的な特定の意味を持った言葉であるか、あるいは場所や方向を示す語彙の転用であるという事実です。しかし西洋語の人称代名詞の方は、歴史をいくら遡《さかのぼ》っても決して具体的な意味を持った言葉に辿《たど》り着く事はなくて、何処まで行っても代名詞としての性格は不変です。

このような重要な違いがあるのですから日本語の〈私〉や〈あなた、かれ〉といった語彙は西洋語の人称代名詞と同列に扱うことには無理があるのです。

そこで私はこれらを含めた自分および相手をさすのに用いられる言葉を、自称詞、対称詞、そして他称詞とまとめて呼ぶことにしたのです。そしてこのような総合的な視点から日本人は話の中で自分と相手、そして他者をどのように呼んでいるかを調べた結果、次のような結論に達したのです。それは「日本人は相手と自分を共に含むその場に相応《ふさわ》しい何らかの社会的な枠組みを設定し、その中での相互の位置関係を表わすような言葉を自称詞、対称詞そして他称詞として使っている」ということです。

日本語には二人称しかない

普通の家では子供たちが父母、兄姉といった目上の者には親族用語で〈お父さん、お姉さん〉などと話しかけて〈あなた〉などと言わないのは、自分および相手が共にその成員である家という共通枠の中での、お互いの座標の確認をすることで対話関係を作り出しているからです。小中学校の先生が生徒に向かって自分のことを〈先生〉と言うことが多いのも、先生生徒という一体感のある場の中での相互の位置を確認していると考えられます。ですから同じ教育の場でも大学のように、教員と学生との距離があまり近くないときは、教授たちは自分のことを先ず〈先生〉とは自称しないものです。私の知り合いの大学教授に小中学校での教育経験が長かった人がいましたが、この人は大学での初めての授業のとき自分のことを「先生、先生」と言って、学生たちの失笑を買ったことがあります。

しかし自分と相手を含む何らかの社会的な共通枠を見出せないときは、次のような解決法があります。その一つは以前にも述べたように、相手がもし自分の親族だとしたら何に当たるかを考えて、それに相応しい用語を用いることです。地方でのテレビのインタビューなどを聞いていると、局の人は出会う相手の殆ど全てに親族用語で呼びかけています。もう一つは若い人がよく使うようですが、あまりよく知らない相手を、普通は三人称と考えられている〈彼、彼女〉で呼ぶことです。「彼女、その服似合うね」といった具合に使います。またある男子学生は、タクシーに乗ったとき運転手から「彼、生まれは何処?」と言われて、すぐには自分に対する質問だとは分からなかったと報告しています。このような場合〈あなた、きみ〉などでは、何かむき出しできつい感じがするというので、間接性のある三人称にいわば逃げていると言えます。

そして考えてみると親族用語で相手を呼ぶことも相手を三人称扱いにしていると言えますし、これまで人称代名詞として挙げられた語彙の殆どが、ヨーロッパ語のそれとは違って、〈僕〉や〈俺〉、〈貴様〉や〈君〉などを除くと、相手のいる場所や方角を示す言葉の転用だということが明らかです。つまり日本語ではヨーロッパ語とは違って直接話の相手を言葉で指すことを極力さけて、その人の社会的地位、自分との家族関係、そしてその人のいる場所や方角をいうことで、間接的に相手だということを示すのです。相手との関係はむき出しの直接的なものより、やんわりとした間接性のあるほうがよいというこの感覚は、古い日本の作法で人と話をするとき相手の顔を真正面から見据えることは無作法であり、また相手の目を直視しつづけることは避けるべきだとしていることにも窺《うかが》えます。つまり日本人の平常の人間関係のあり方を少なくとも言葉と仕草の点から見れば、対立対決の欧米型とはほど遠い柔らかなものと言えるでしょう。

テニス型とスカッシュ型

以上のことから私は欧米の言語に見られるような一人称と二人称の交換による対話とは、言葉というボールを二人が互いに相手を狙って打ち合うテニスのようなものだと思います。ゲームの進行中、球の打ち手と受け手がくるくると変わるように、二人の間では人称が一人称と二人称の交替を繰り返すのです。

これに対していつも私は日本語での対話とは、スポーツでいえば相手を直接狙わないスカッシュにたとえられると表現しています。この場合、話し手の言葉はまず一度壁に当てられ、それが反射して相手のほうに流れていくわけです。ですからこのときの相手は本来の二人称としての相手ではなく、すでに他者つまり三人称なのです。そしてこのことを別の角度から見ると、日本人は多くの場合相手がいるときでも、話はそれ自体直接の相手不在の、どちらかと言うと独り言の性質を持っていると言えるのです。

このことが概して日本人は議論が下手だと評されることと無関係でないと私は思うのです。相手をよく見て、何処が弱点で何処を突けば勝てるかという、相手を自分が望むように動かし追い込む戦術が弱いのです。これは当然で、相手がいながら、なるべく相手を見ないようにする文化的な癖が、対決的場面をなるべく避けようとし、相手がこちらの発言に対して少し気色《けしき》ばんだりすると慌《あわ》てて「そんなつもりで言ったのではないのですよ」などと相手をなだめようとする。そもそも対話の仕組そのものが対立対決的でなく、同じ社会的な枠組みを共有する仲間としての相手にむしろ同意協調することを前提としているためです。

また日本語では対話や議論が対立的になりにくいもう一つの理由は、自称詞と対称詞が多くの場合話し手と相手の間の上下関係を構造的に取り込んでいるからだと思います。父親と議論するような場合、相手を「お父さん」と呼ぶことは、そのことで自分を息子つまり相手の目下と自己規定してしまうわけですから、初めから立場が弱いわけです。あるアメリカの論文で、父親をどう呼ぶかの調査の対象となったある青年が、自分は父親と議論するときは、絶対に Father と呼びかけることはせず、一貫して you を使うことにしていると答えていますが、日本語では言語上これが出来ないのです。

黙ってひとの部屋に入らないでよ

私たちは日常生活のなかで、このように「ひと」という言葉で自分を指すことが時々ありますね。似たような例としては、「よくもひとをぶったな」や「ひとを馬鹿にするにもほどがある」などがあげられるでしょう。でも考えてみると「ひと」という言い方は、「他人」と書くこともあるように、話し手が自分以外の人のことを言うのが普通だと思います。「ひとに迷惑を掛けない人間になれ」、「ひとの口がうるさい」、「ひとのことを気にかけるな」などの例を考えてみても、「ひと」とは他人としての人であるのが一般的な使い方と言えます。その「ひと」が他人ではなく、話している本人自身をどうして指せるのでしょうか。

この仕組みをここで詳しく分析する余裕はないのでごく簡単に言いますと、自分のことを相手に対して「ひと」と称することで、話者はそれまで両者を結んでいた人間関係の場、つまり枠組を拒否し、二人が全くの赤の他人になることを言語的に宣言するのだと考えられます。と言うのも自分のことを相手に向かって「ひと」と言う場合は、その人が相手から不当な扱いを受けた、自分の権利をひどく侵害されたなどという、強い反発、憤慨、立腹などの精神状態にあるときです。だからこの「ひと」は相手に何かを頼む、謝罪するといったような、こちらの立場が弱かったり懇願的であったりするようなときは絶対に出てこないものです。こんなわけで私は、自分のことを相手に対して「ひと」と称することは、言語による一種の絶縁宣言だと考えるのです。このような特殊な自称行為のあることを見ても、日本語で話者が自分をどんな言葉で表わすのか、相手を何と表現するかの問題は、ヨーロッパ諸語における人称代名詞とは殆ど類似点のないことが理解できると思います。

三　指示語と自己中心語のしくみ

特定の動作を必要とする言葉

私たちが日常使っている言葉の殆どは、それを口に出すとき何かしらの決まった動作やしぐさを同時に行うことを必要としません。具体例で言うと、犬と言うときは必ずある特別なジェスチャーをしなければいけないなどということはなくて、どんな格好をしようとしまいと、〈イヌ〉と聞こえる音声を発するだけで、周りの人に理解してもらえるということです。ところがこの当り前と思われることが、実はそうではない場合があるのだというのが本節の第一の話題です。

毎日の社会生活の中で私たちが何回、いや何十回となく、殆ど意識しないで使っている言葉に、〈これ、それ、あれ、どれ〉といった、国語学関係の人々の間では〈こそあど〉語として知られている一連の指示代名詞があります。「この本はいくらなの」とか「それください」そして「どれが欲しいのですか」といった具合に、他人と話をするときにはこの種の言葉は欠かせません。

ところが国語の本にまず書いてないことがあります。それはこれらの〈こそあど〉を含む指示語は、その言葉を発音するのと同時に、原則的には指（普通には人差し指）で何かを指し示す動作をする必要があるということです。だからこそ指示語と呼ばれるわけですが、犬や家といった私たちが使う殆どの言葉が、いかなる特別の動作やジェスチャーをも必要としないことを考えると、この指示語と呼ばれる一連の言葉は、具体的な動作が不可分でそれと一体をなしているという意味で、言葉としては非常に特殊なタイプのものだと言えます。

一般に言葉というものは、音声とそれに結びついている意味とで出来ていますから眼には見えないものです。ところが指示語は今言ったように具体的な動作が、言葉の不可欠な構成要素として言葉自身に含まれているのですから、その部分は目に見えるのです。このことを比喩的に表現すると、指示語とは上半身は雲に隠れて見えないが下半身は見えている、言葉と事物の中間的存在と言えます。

この半神半人的とも言える指示語のおかげで、私たちは具体的で個別的な事物に囲まれながら、言葉という抽象的で一般的な内容しかもたない手段を使って生きていけるのです。指示語、更に厳密には指示という行為そのものが、私たち人間を周囲の具体的な世界に結びつけ関連付けている絆《きずな》、楔《くさび》なのだと言えるでしょう。

指さし行為とはどんな動作か

あなたの目の前で誰かが〈あれ〉と言って何かを指さしたときのことを考えてみてください。当然あなたは指さされたものに目を向けるでしょう。しかしこれを詳しく分析すると、先ずあなたは殆ど無意識に〈あれ〉と言った人が突き出した指を見て、次にその指がさす方向の先にあるものを見るのです。このとき不思議なことに何時までも指を見ていたり、指がどうかしたのかなどと思ったりはしないのです。つまり〈あれ〉という音声刺激（言葉）で喚起されたあなたの注意は、先ずこの言葉を発した人の突き出した指を見ますが、あなたの視線はそこに留まることはしないで、どういうものかすぐ指に沿ってどんどんと指の先の方向に流れて行くのです。

このように一般に指示語は、発声によって他者の注意を先ず自分の方に引き付け、そして次にその注意を指さし行為によって、指から離れた先の方に導くという二段構えの働きをしているのです。このしくみを初めて明らかにしたのはオックスフォードの心理学者H・H・プライスでした（注1）。そして彼は〈これ〉や〈あれ〉のような指示語を方向指示語（directional deixis）と名付けたのです。相手の注意を引くだけでなく、相手がどの方向を見たらよいのかまで示してやる指示語だというわけです。

しかしもし指示行為というものが、全てこのような構造になっているのならば、わざわざ「方向」指示と言わなくても、ただ「指示」だけで十分に思えます。ところが指示行為にはこの方向を示す部分のない、いわば純粋に指示だけのものがあるため、それと区別する必要があるのです。

方向指示と文脈指示の違い

文字や絵の描いてある看板がまだ普通でなかった昔は、どこの国でも自分のところで売っているものや自分の家業を通行人に知らせるためには、なるべく店の中での仕事の様子が外からよく見えるようにしたり、扱っている品物の実物見本を店先に置いたりしたものです。でも商品は物によっては腐ったり持っていかれたりしますし、店の中が見えるように入り口を開け放しにしておけば、ガラスがまだ自由に使えなかった時代では雨風が入ったりで不便でした。そこで板や何かに即物的な絵や大きな文字を書いて通る人によく見えるようにと、店先から道に突き出るように固定したものが看板の始まりなのです。

ですからこの実物見本や看板の文字や絵は、それ自体を眺め鑑賞して貰うためではなく、ここではこれを売っていますよとか、ここであなたの望む仕事を頼めますよという案内が目的なのです。だから看板の類《たぐい》は店から離れていては駄目で、できるかぎり店の直ぐ前に置くことが必要となるのです。つまり看板の絵や文字は、それらの表すものがその直ぐそばにあることを同時に表明していることになります。

このように看板に書かれている文字や絵は、それに通行人の注意を引きつけるだけでなく、それがどこか他所《よそ》にではなくここにあることを教えているわけです。だから看板の絵、例えば靴の絵は、単なる靴の絵ではなくて、「靴ここにあり」の情報を発していると言えます。このことは、もし同じような靴が静物画のキャンバスの上に描かれていたら、それは単なる靴の絵であって、「靴ここにあり」のメッセージを発しているわけではないことを考えればすぐ分かるでしょう。

文脈指示（contextual deixis）とは今説明したように、何か目立つもの、あるいは絵や文字で人の注意を引き付けはするものの、次にどの方角を見たらよいのかは、方向指示の記号とは違って、見る人に積極的に教えないタイプの指示なのです。ですからいったんその目立つものによって喚起された通行人の注意は、その看板の最も近いところ、つまりそれを突き出している店に結果として向けられることになるのです。

人称代名詞の二種の指示性

日本語の〈私、あなた、彼、彼女〉のような、一般には人称代名詞と呼ばれている語彙も、実は基本的には指示代名詞と同じく、それを使う人が相手の注意を誰か特定の人物の方に向けさせる働きをしている言葉なのです。ただ詳しく見ると、そこには面白い構造上の違いのあることが分かります。

一番分かりやすいのは〈彼、彼女〉のような第三者を指すものでしょう。これらは指示代名詞の〈これ、それ、あれ〉などと同じく原則的には指さし行為によって（場合によっては顎《あご》で示したり、目線を使ったりして）相手の注意を誘導することで問題とされる人物を特定するという方向指示性をもった言葉です。これに比べると〈あなた〉の仕組は少し複雑で、誰かに〈あなた〉と言われた人は、多くの場合なんとなく〈あなた〉とは自分のことだと分かるのですが、このことを注意の流れとその順序という観点から分析すると次のようになります。誰かに〈あなた〉と言われた人は、その発声によって喚起された注意を先ず言葉を発した人に向けます。そしてその人の目線や態度などで相手の指示行為の目標は自分だ、自分のことを言っているのだと理解するのです。つまりこの人の注意は初めは相手に向かい、それが方向を反転して自分に戻ってくるという一種の回帰行動を示すものと言えます（注2）。

ところが一人称の〈私〉だけには今説明した〈あなた〉や〈彼、彼女〉の場合に見られる方向指示がないのです。ですから〈私〉という代名詞は看板などと同じく文脈指示型の記号で、〈私〉と言った人はその発声で周りの人の注意を引くだけなのです。だから人混みの中から「私よ」と大声を上げて自分に相手の注意を引こうとする人は、手を振ったりして周囲から自分を浮き立たせる必要があるのです。

これで分かるように文脈指示というものは、何かがその背景（文脈）から際立ったり、浮き出したりするとき生じるものなのです。この意味で私たちの周りにある様々なものは、いつでも文脈指示性を帯びる可能性をもっているのです。

自己中心語とはどんな言葉か

本節の話のもう一つの主題は「自己中心語のしくみ」ですが、実はここまで説明してきた指示語は、ある意味でこの自己中心語の一部をなすものなのです。と言うのも〈こそあど〉語は、それを使う人を特定しないと言葉として役に立たないからです。

この、誰がその言葉を（いつどこで）使っているかによって、言葉の指すもの（指示対象）が違ってくるという意味で、これらの言葉を言語哲学の用語で自己中心語（egocentric terms）と呼びます。例えばお客が何かを指して店員に「それください」と言って、店員が「これでございましょうか」と返事をしながらその品物を手にとるとき、同一の商品が二人の人によって〈それ〉と〈これ〉という具合に呼び分けられています。同じもの、同一の対象が別の人によって別の言葉で呼ばれているわけです。しかし普通の言葉は誰によって何時どこで使われようとも、それが指すものが変わることはありません。

親族用語の自己中心性

色々と異なった対象が場合によって〈これ〉という同じ言葉で呼ばれ、そして同じものが〈それ〉や〈これ〉と別の名で呼ばれることがあるということのような指示語のもつ自己中心性は、親族関係を表す言葉、つまり人類学などで言う親族（関係）用語の場合にも、はっきりと見ることが出来ます。例えばある男の人の娘である女は、その人が生んだ子供からは母と呼ばれるように、同一の人物が立場の違う親族によって様々に呼ばれるのです。ですから〈父、母〉のような言葉は、厳密にはある特定の人々、つまりその人たちが生んだ子供たちしか使えない言葉です。トルコではケマル・パシャは〈建国の父〉として国民から尊敬されていますが、ここでの〈父〉は比喩として用いられていることが明らかで、国民全てにとっての父などあるはずがありません。私にとっては掛けがえのない〈父〉である特定の人間は、よその人にとっては唯の一人の男であるに過ぎないのです。ところが本来はこの話者を原点とする自己中心性をもった親族用語を、親族以外の人にむかって使用する虚構的な用法があるのです。これを次に簡単に説明しましょう。

実際には自分と親族関係のない人に対して、もしその人が親族だったとしたら自分の何に当たるだろうかを考えて、それにふさわしい親族用語を用いることを親族用語の虚構的用法（fictitious または fictive use）と言います。日本の社会はこの親族用語の虚構的用法が極めて豊富なことで有名です。そしてこのことが、種類の多いいわゆる人称代名詞が、思ったほどは実際に使われないことと関係のあることは間違いありません。

さて私たちは日常の社会生活の中で、どんな言葉で他人に呼びかけているのかを考えてみると、本来は親族をあらわす用語で他人と交流していることが意外なほど多いことに気づくと思います。たとえば街中で老人に声をかけるとき、〈おじいさん、おばあさん〉を使う人が多いようですが、これは相手がもし自分の親族だったら年齢的には祖父母にあたる人だという無意識の判断が働いているからでしょう。中年の人には〈おじさん、おばさん〉と言うのも同じような心理からです。これらの言葉の使い方は、相手がもし親族だったらと仮定していると考えられるので虚構的用法と称されるのです。ラジオやテレビなどでも、歌のおばさんだとか、体操のお兄さんなどと多用されています。ところがこのような虚構といった単純な解釈では巧く理解できないような、もう一つ別のタイプの本来的ではない親族用語の使い方も、私たちの生活の中に多く見られるのです。

自己中心語の他者中心的用法

デパートなどの人混みの中で、迷子になったらしい小さな女の子が泣いているのを見かけたとしましょう。私たち大人はその子に「おねえちゃん、泣かなくてもいいよ、おじさん（またはおばさん、お兄ちゃんなど）が、お母さんを探してあげるから」などと言って面倒を見ることはよくあることです。この場合大人が自分のことを、相手にとって自分は親族ならば何に当たるかを考えて、それにふさわしい用語を使って〈おじさん〉などと自称することは、先に説明したようなごく普通の虚構的用法と言えます。

でも相手の女の子を〈おねえちゃん〉と呼ぶことは、考えてみれば変ではないでしょうか。親族用語としての〈姉、ねえちゃん〉などは、当然自分のきょうだいの自分より年長の女性に対して使う言葉ですから、はるかに年下の女の子には、たとえ相手を拡大擬似家族の一員と虚構的に見なしたとしても使えないはずです。ですから大人としての自分の立場からは、どう見ても小さな女の子はたとえ擬似的に見ても姉とは呼べないはずですが、私たちはごく普通にこのような言葉遣いをしているのです。なぜでしょうか。

それはこの場合、話者が本来は自分を原点とすべき自己中心語の原点を、自分ではなく他者に移して使っているからなのだと考えることができます。

これと同じ仕組を持っているもう一つの例をあげると、子供が二人以上いる日本の家庭では、母親が年上の子供を「お兄ちゃん（おねえちゃん）ちょっと手伝って」などと呼ぶことがごく普通に見られます。この場合も母親が本来は自分よりも年上の兄や姉を呼ぶときに用いる〈兄姉〉といった自己中心語の親族用語を、自分を原点としてではなく、それを他者に移しているからだと考えられるのです。

家族の最年少者が原点とされる

でもその他者とは誰で、また何故その人が選ばれるのでしょうか。このことは日本社会を支配している家族的構成原理との関連を考える必要があります。私たちは社会的な人間関係を多くのヨーロッパ語の場合のように、〈I〉と〈ｙｏｕ〉の対立的相互交換的なものとは見ないで、無意識のうちに出来るだけ家族関係の延長拡大の中で処理しようとする傾向が強いのです。ですから相手を可能な限り擬似親族と見なして、人称代名詞ではなく親族用語を使って対応しようとします。ところが日本語では親族用語の使用に関しては明確な制限のあることを思い出してください。

それは自分から見て目上の人（多くの場合年長者）の親族名は対称詞、つまり相手を呼ぶ言葉として使えるけれども、自分より親族の地位が下の人を表す言葉、例えば〈娘、息子や弟、妹〉などは対称詞としては使えないということです。ですから自分よりずっと小さな子供はそのままでは、わが子であろうと他人であろうと、親族用語を使って呼ぶことが出来ません。そこで本来は自己中心語である親族用語の他者中心的用法、つまり親族用語の原点移動が登場するのです。

この原点をそこへ移す対象となる人間は、通例家族の中で一番年下のものが選ばれます。そして大人は下のものに親族用語を使うときは、自分が使う自己中心語の原点をこの家族の最年少者に移すのです。そうすれば目前の相手をこの最年少者の立場から見ての呼称〈お兄さん、おねえちゃん〉で自分も称することが可能になるのです。このように自分の立場、固有の観点を放棄して最年少者と心的に合一（empathetic fusion）すれば、この最年少者にとっては兄である人間を、親である自分も〈お兄ちゃん〉と呼べることになるのです。

迷子に対する〈おねえちゃん〉も、大人は目の前の子供をその成員に含む家族を想定し、そこにいるはずの最年少者を仮定して、その子にとって目前の子は当然〈おねえちゃん〉と呼ばれる人物なのだと考えるのです。そしてこの人は目下《もっか》この仮想の最年少者に心的に同調同一化（empathetic fusion）しているので、大人でありながら自分も〈おねえちゃん〉と呼べることになるのです。

自己中心語のこのような原点移動は土居健郎の言う日本人の「甘え」の心的構造との関連など、まだまだ色々な問題や側面を持っている面白い話題なのですが、もっと詳しく知りたい方は私の『ことばと文化』などを見て下さることをお願いします。

四　「人称」の本質は何か

人称ってなんだろう？

本章の第二節で、西洋の言語においては単数複数の概念や名詞に見られる格などと並んで、言語の基本的な枠組みを作る重要な柱である人称という範疇《はんちゅう》に、日本語では直接対応するものがないのではという考えを述べました。西洋の建築物は古代から壁を主にし、壁で屋根を支える方式であるのに、日本の建築物は柱を先ず立て、この柱で屋根を支えてから、そのあと壁を作るというやり方です。人称があるかないかの問題もどちらが進んでいるのかということではなく、様々な文化風土上の条件によるのです。どれがいいと簡単には決められないものです。

ところで今の日本では英語を学校で習ったことのない人は年毎に少なくなっています。

そこで自分を指すのが一人称で、相手は二人称、そしてこのどちらでもない人やものは三人称だといったことは今では常識かもしれません。しかし世の中で常識とされていることには少し調べてみるとどうも変だ、正しくはないのではと思われることがよくあるものです。これから問題にする人称というものが正にこれです。

英語では相手に二人称ではなく実は一人称で話しかける場合がよくあります。また自分自身に二人称で話しかけることもあるのです。そして自分と相手以外は三人称とするのが普通ですが、調べてみると二人称も結構あるのです。そして相手に三人称で話しかけることとなれば、これはごく普通に行われています。というわけで実際の人称とは、自分が一人称、相手は二人称、そしてどちらでもないものが三人称などという簡単なものでは全くありません。それでは一体、人称とは何なのでしょうか。それに答えるために先ず人称の〈常識的ではない〉使い方の実例から見てゆきましょう。

相手に一人称を使う場合

英語などでは病院や老人ホームといった施設で、医者や看護師が朝入院患者に向かって How are we today? などと相手に一人称（の複数形）であいさつするのが普通に見られます。学校で習ったような二人称を使ったHow are you? ではないのです。また幼稚園などでは先生が、子供たちに向かって「さあ、おやつですよ、みんな手を洗って」と言うとき、Let's wash our hands. といった具合に、自分をも含めた一人称複数で呼びかけます。でもこの場合先生は手を子供たちと一緒に洗わないのですから、このusとourは明らかに子供たちだけに向けられていることが分かります。

イギリスの著名な探偵小説家のアガサ・クリスティが書く小説には、しばしば登場する素人名探偵のミス・マープルという老婦人がいます。このマープルさんに向かって同居しているコンパニオンのミス・ナイトはしばしばweで話しかけるのです。例えばある日のことミス・ナイトの目を掠《かす》めて、こっそりと外出したミス・マープルが戻ってきたとき、ミス・ナイトは咎《とが》めるような口調で次のように言います。

"And now, I expect, we're tired out," she said accusingly.
"*You* may be," said Miss Marple. "*I* am not."
「さてと、私たちは、さぞくたくたですよね」と彼女は咎めるように言った。
「あなたはそうかもしれないけど、私は疲れてなんかいませんよ」

次の例も昼寝を終わったこのミス・ナイトが二階から降りてきて、ミス・マープルにweで話しかけるものです。

"I hope *we've* had our little snooze?"
"*I* have been knitting," replied Miss Marple, putting some emphasis on the pronoun, and she went on,……

「私たち少しお昼寝出来ましたわね」
「いや私はずーっと編み物をしていましたよ」とミス・マープルは代名詞を少し強調しながら答えて、そして続けました。

このような一人称複数代名詞のweの使い方は、話者が相手に対して色々と面倒を見る保護者の立場にあるときよく使います。幼稚園の先生、医者、そしてコンパニオンなど皆そうです。ミス・マープルは子ども扱いされるのがとても嫌なので、weと呼びかけられる度に反撥《はんぱつ》するのです。

相手に三人称を使う場合

あなたが部屋の中にいるとき誰かがドアをノックしたら、英語で何と言いますか。日本語ならさしずめ「だあれ」とか「どなたですか」ですから、Who are you? かなと思ったら間違いです。実はこの場合、Who is it? と相手を it と三人称で表現しなければならないのです。

同じように電話がかかってきたとき、「どなたですか」のつもりで Who are you? と言ったら大変です。これでは「一体全体おまえは誰なんだ?」といった一寸《ちょっと》した詰問《きつもん》になってしまうからです。この場合 Who is this? と三人称で言わなければいけません。

このような例から、どうも二人称の you は、相手の姿が見えていないとき、つまり相手が誰だか判らないときは使わないほうが安全な言葉らしいことが分かります。

そして相手が見えていても、その人が誰であるかの自信がなくて軽い戸惑いを感じているような場合は、二人称でなく三人称で話しかけるのです。ホテルのポーターなどが客を探していて、それらしき人を見つけたとき It's Mr. Smith, isn't it? といった具合に呼びかけます。また同様に久しく会わなかった昔の知り合いと思われる人に、町で不意に出会ったようなときも、同じように相手に対して三人称を使います。もしかして人違いかもという不確実性があるからです。

このように目の前の相手に対して三人称を使うよく知られた例として、相手を敬う〈尊敬の三人称〉と呼ばれているものがあります。これは主人や上官、そしてお客といった自分より身分や社会的地位の上の人に対して用いられるもので、ヨーロッパでは古くからどの言語でも普通に見られた三人称の使い方です。この用法は英語では今は大分廃《すた》れて古臭い言葉遣いとされていますが、フランス語などではまだしばしば見られるものです。例えばまだ現代の小説家と言っていいルイーズ・ド・ヴィルモランの *La lettre dans un taxi* という小説の中では、召使は女主人に対して一貫して三人称で話します。つまりフランス語の三人称代名詞の女性形 elle を使っているのです。

次の相手に対する三人称は愛情表現に用いられる場合です。これは小さな子供や赤ん坊に対してよく使われますが、相手を主体的な人格を持ったものとして見ないで、愛玩物であるかのように相手に接するときです。恋人や夫婦の間でもよく使われます。次の例はアメリカの小説家ソール・ベローからのものです。

She (i. e. his wife) began to kiss him, saying, "Oh, my baby. You're covered with snow. Why didn't you wear your hat? It's all over its little head," ——her favorite third-person endearment. : *A Father-to-be*

雪の降る中を帽子もかぶらず、頭を雪で真っ白にして戻ってきた夫にキスをしながら、若い妻が咎めるように言うのです。「私の赤ちゃん、どうして帽子を被ってこないの、雪がそのかわいい小さな頭にすっかり積もっているじゃないの」と。そしてこれは彼女のお気に入りの〈三人称を使う愛情表現〉だと作者が説明を加えています。

以上挙げたようないくつかの例で、本来ならば二人称が使われるはずの相手に対して三人称が用いられている理由は一体何でしょうか。それは二人称の**you**が話者と相手の間に、程度の差はありますが本来的に個人と個人との間にみられる対立、拮抗《きっこう》、敵対といった心理的な緊張を含意しているため、その要素の全くない三人称が使われるのだと考えます。ある人が尊敬、敬意、愛情などを相手に抱くとき、その人の気持ちには相手に対して対立的な要素がないことは明らかです。またドアの外にいる訪問者や電話をかけてきた人に三人称を用いるのは、話者が相手とまだ正常な対話のできる**I—you**の関係に入っていないためなのです。

自分を三人称で表す

英語では母親が幼児に対して、自分のことを一人称代名詞のＩで言わず、mummy（お母さん）と三人称で言う場合がしばしば見られます。この点は日本語の〈お母さん〉の使い方と、よく似ていますね。ところがいつもは息子に対して自分をMummyと称しているある母親が、突然自分を一人称のＩで言う次の例を見てください。これはフランク・オコナーの小説『僕のエディプス・コンプレクス』からのものですが、父親と込み入った長話をしている母親に苛々《いらいら》したラリーという名の息子が、二人の間に割り込んで強引に話を始めると、母親がきつい口調でDon't you hear me talking to Daddy?「お父さんと私が話をしてるのが分からないの？」と叱ります。ラリーが「どうしてお父さんとばかり話をするの」と食い下がるとBecause Daddy and I have business to discuss.「お父さんと私はお話ししなければいけない用事があるからよ」と突っぱねるのです。

愛情溢《あふ》れた優しい態度でラリーに接するときはいつも自分をMummyと言うのに、

それがこのように息子に対して怒ったときはIとかmeを使うのです。よく英文法では幼児に向かって大人が自分たちのことをMummyとかDaddyと自称するのは、場合によって色々と形を変える人称代名詞は幼児にまだ理解できないからだという説明がされていますが、ここに挙げた例を見てもそれは間違いで、子供に対する母親の気持ち次第で代名詞も使えるのです。その気持ちとは子供を無力な庇護される者とは見ないで、自分に対立する一個の人格として見る場合です。ですから一般に二人称と三人称の違いとは、単に話の相手かそれ以外かということではなくて、話し手が相手に対してどのような心的状態で臨むかということにあるのです（だから無生物が相手の場合でも、特別の感情をもってこれに接するときは「おお汝《なんじ》、美しきバラよ」などと二人称で呼びかけることが出来るのです）。このように自分を三人称で表す例はまだまだ沢山ありますが、紙幅の制限があるのでこれだけにしておきます。

独り言における人称

私が次に披露する独り言の分析は、おそらくこれまで誰も行ったことのないものだと思います。ところが独り言という言語現象は人称の問題に様々な光を当ててくれる大切な言語資料なのです。それなのにどうしてこれまで独り言が研究されなかったのかは、それを他人が聞いて記録することが難しいなどの幾つかの理由が考えられますが、残念ですがこの点については今ここでは詳しく述べる余裕がありません。

しかし私は大分前に、外国語で書かれた小説の中の登場人物たちが言う独り言を集めて分析することで、この難点をかなり乗り越えることが出来ることに気付いたのです。と言うのも西洋の言語で書かれた小説では、日本語と違って会話が誰によってなされたのかが、殆どの場合、……, she said. とか、he remarked.、he answered. などと明示されているからです。これは日本語などと比べると言語そのものに男女差が少ないなどの理由で誰の発言かをはっきりさせないと混乱するからです。そして元来他人が聞くことのない独り言や呟きも、he said to himself. とか he muttered. などと説明されていますから例を集めるのが易しいのです。

私はこのようにして独り言であると作者が明らかに示している沢山の例を、色々な西洋の言語で書かれた小説から集めることができました。その結果独り言を言うとき、自分を表わす人称が一人称の場合と二人称のときがあることに気付き、そしてこの違いは話者の中に人格の分裂が生じているか否かに対応することも分ったのです。

先ず自分を一人称で言っている例をお馴染みのアガサ・クリスティ作『カリブ海の秘密』の中でのミス・マープルの発言で見てみましょう。

"But really," said Miss Marple to herself, "this is all pure conjecture. I'm being stupid."

"Talking to yourself?" said Mr. Rafiel. ... "Your lips were moving."

「でも何と言ってもこれは全くの推量でしかないわ。私って馬鹿なことを考えるものね」とミス・マープルは独り言を言った。

「独り言ですか？　唇が動いていましたよ」とラフィール氏は言った。

ここに挙げた独り言は話者が自分自身を一人称のIで表わしているもので、標準的なものと言ってもよいと思います。これに対して話者が独り言の中で自分を二人称のyouで表わしているものの例を次に挙げましょう。これはフランク・オコナーの『森の中の赤ん坊たち』からのものです。ジェリィという男の子が彼にとっては大仕事を目前に控えて、弱気になりがちな自分を励まし続けているところです。

"Jerry, remember you're not a baby any longer. You're nine now, you know."
「ジェリィ、おまえはもう赤ちゃんじゃないってことを忘れるなよ。いいか、おまえはもう九つなんだからな」

この場合ジェリィの自己(ego)は励ます内側の自分と励まされる外側の自分に分裂していて、この外側の自分はまるで他者のように扱われているため you と二人称扱いになっているのです。これに対して先に挙げたミス・マープルの独り言では、このような分裂は起こっていません。この分裂は話し手が自分自身に対して苛立ちや怒りを感じるとき、また不甲斐ない自分を励まして奮い立たせようとするときなどに起こるようです。

心的態度の表現

以上見てきたことをここで纏《まと》めてみましょう。第一に西欧諸語などに見られる人称という言語範疇は、これまで言われてきたように自分が一人称で相手は二人称といった客観的に決っている現象ではなくて、極めて主観的心理的なものだということです。一般的に言って話者が自分の周りの人間や事物を自分の正規な言語上の相手と見るか、つまり同等の資格でことばを交わせるかどうかが、二人称を使うのか三人称にするのかを分ける基準なのです。そして正規の言語的な相手とは自分が口をきけば相手もことばを返してくるという相互的な関係を認めるということです。ですから普通は人間でない事物・無生物とは、このような関係がありませんから当然三人称を使うのです。人間でも目の前にいない人とは矢張り言語的な相互関係にありませんから、これも三人称扱いとなります。そして西欧の言語での一人称と二人称は会話の進行につれて相互に交替するもの、それは丁度交流電気のプラス極とマイナス極が次々と交替するような具合になっています。そして電気の両極の場合と同じように、二人の話者の間には心理的な緊張対立の関係が生じます。しかし相手に戸惑いや尊敬、そして愛情などを話者が感じているときは当然相手との間に対決的緊張関係がないから二人称を避けるのです。

こうして見ると日本語では人称という範疇が存在しない理由がよく分かります。日本人はできる限り、話の相手との心理的対決を避けたいのです。ですから一見二人称のように使われる〈あなた、おまえ、そちら〉などは皆相手のいる場所を言うことで相手を間接的暗示的に指すだけです。しかもこれらの擬似代名詞さえも出来るだけ使わずに済まそうとして、〈旦那、社長、奥さん〉などや相手の職業名を使うのです。このようなわけで日本語には西洋の言語に見られるような二人称代名詞は存在しないのです。強《し》いて人称代名詞という用語を用いるならば、日本語では〈私〉や〈俺〉も含めて全てが三人称だと言うしかありません。

第五章　日本語に対する考えを改めよう

一　日本人のもつ相手不在の外国語観

言葉で他者を動かす

「あなたは混んだ電車やバスから降りるとき、前を塞《ふさ》いでいる人に『降ります』とか『あの……済みません』などと声を掛けて降りますか」。私はこれまでかなりの数の学生たちにこの質問をしてみたのです。その結果殆どの人が、ただ黙ってグイグイ押すか、人を掻《か》き分けて車外に出ていることが分かりました。冬など無理に出るためコートのボタンが取れてしまったり、鞄が手から離れてなくなってしまったりすることさえあるようです。

ところがこんなときに私は自分が降りることを「すみません、降ります」などの一寸《ちょっと》した言葉で意思表示すれば、殆どの場合前の人が体を傾けるなどしてくれて、比較的容易に車外に出られることを数多くの経験で確かめています。実はこのように言葉を使って他人をこちらが望むように動かすこと、これを言語学では言語のもつ他動機能(conative function)と呼びますが、日本人の言語行動にはこの言葉の使い方がどうも弱いように私は思います。私たちは相手が知り合いのときはかなり上手に言葉を使うのですが、全く知らない気心の知れない他人に向かっては、そもそも言葉をかけること自体がとても苦手なのです。

ところが考えてみると日本という国にとって外国はまさにこの気心の知れない他者なのです。ですから長い鎖国のあと諸外国との直接の接触が急速に増えた、明治から大東亜戦争の終結までの約八十年の日本の対外関係が、個人のレベルで言えば喧嘩や睨《にら》み合いに当たる戦争や敵対関係に殆ど終始したのも、言葉で未知の相手との関係を巧く処理する伝統が極めて弱かったことと無関係ではないと私は考えています。

そして日本の全てが国際化したかのように見える現在でも、日本は果たして国際関係を言葉による外交、つまり言力外交(注1)で巧く処理しているかと言うと、依然として強大な経済力、技術力に比べて日本外交の言語交渉力は誰が見ても見劣りがすることは事実です。しばしば耳にする「図体は大きいが〈声は出さない巨象〉」、更には「金は直ぐ出すが意見を言わない〈自動金銭支払機〉」といった悪口はこの点を巧く突いていると私は思います。しかしこのことは国際紛争の解決に一切の軍事力を行使しないことを宣言した世界最初の平和憲法を持つ日本にとって、なんとも理屈に合わない事ではないでしょうか。世界規模の影響力を持つに至った日本が、世界のいたるところで直面せざるを得ない外国との資源をめぐる対立競合、マーケット確保の際に起こる摩擦や紛争などを武力を使わずに解決しようとするならば、どの国よりも言語による粘り強い説得や交渉に依存するところが大きい筈です。それなのに事実はまさに逆で、国際的に大国日本は「口の痺《しび》れた巨人」と軽蔑されているのです。

対外言語活動の弱い要因

しかし日本人の今述べたような「言葉で他者を制御しながら国を守る伝統」の欠如は、私の見るところこれまで長い間日本が置かれてきた歴史地政学的な国際環境の産物だと言えます。と言うのも日本という国のあり方を明治以後だけでなく、建国以来という長い期間で、中国大陸から中央アジアを経てヨーロッパに至る広大なユーラシア大陸の世界史的背景に置いて眺めたとき、そこには余りの違いがあることが誰の目にもくっきりと浮かび上がってくるからです。

第一の大きな相違は、日本の場合、国として初めての正式な国際関係である第一回遣隋使派遣（西暦六〇〇年）から、なんと約千三百年後の日清戦争（一八九四〜九五年）に至るまでの長い期間、外国と戦争状態にあったのは僅か三回だけという事実です。この三回とは朝鮮半島の百済《くだら》援助のために派兵して大敗した「白村江《はくそんこう》の戦」（六六三年）と、豊臣秀吉の二度にわたる悪名高き「朝鮮征伐」（一五九二〜九三年と九七〜九八年）の合わせて五年弱のことです。ところがユーラシア大陸の諸民族諸国家は、この間を殆ど休みなく外国や異民族との激しい抗争に明け暮れていました。このことはどの世界史年表を見ても明らかで、日本人とユーラシア諸民族とでは戦争と平和の期間がまさに正反対なのです。

第二の点は、この間日本が外国からの武力攻撃を受けたことも、鎌倉時代に起きた二度の元寇《げんこう》だけだという驚くべき事実です。ですから日本という国は外国や異民族に侵略されることがなかっただけでなく、長期にわたって国を外国人に占領支配されるという、ユーラシア大陸ならば何処でも避けることの出来なかった辛い受難の歴史さえも持っていないという稀有《けう》な国なのです。ですから当然外国人との交流どころか接触すら殆どなかったわけです。

そしてこのように、まるで世界史の本流から隔絶していたかのような印象を与える日本が、実は次々とユーラシア大陸に起こる大文明から、常に多大な恩恵だけを受け続けることが出来たのも世界史上稀《まれ》に見る現象なのです。何故こんなことが起り得たかの理由は日本を取り巻く海の性質にあります。島国の日本を大陸諸国から隔てる海はその距離と性質から、侵略軍が大挙して計画的に渡るには大きな障害であったが、運任せの貿易船や文化交流のための散発的な渡航を決定的に妨げるほどのものではなかったからです。だから日本人は遣隋使遣唐使を初めとする時たまの渡航によって、大陸の進んだ文物を、それも日本が必要とするものだけを自主的に取捨選択して取り入れることが出来たのです。この事実を私は日本と大陸を隔てる海のもつ半透膜効果と呼んでいます。そしてこのことが、古代中国の数ある朝貢国のうち日本だけが、中華文明の圧倒的な影響を長期にわたって受けながらも完全な衛星国になることなく、独自の文明を築くことの出来た理由なのです（既に述べたように漢字の音訓二重読みを持つようになったのも日本だけです）。

このようないわば支配者の強制によらない間接的な外国文化の受容形態は明治に日本

が開国した際も継承されました。弱体の新生日本は様々な国際条件のおかげで、辛うじて欧米諸国いずれもの植民地となることなく自主独立の道を歩むことが出来たため、それまで千数百年ものあいだ蓄積した漢文明を土台として、そこに和洋折衷《せっちゅう》型の新しい近代国家を築くことができたのです。和魂洋才、脱亜入欧といったスローガンはこの新生日本の目指したところをよく表わしています。それでも一般の国民が国内で外国人に接し、外国語を耳にするという外国の直接体験は皆無と言ってもよいほどの状態が更に長く続いたのです。

やがて日本が大東亜戦争に敗北すると、米国による日本の占領、軍事支配が始まりました。これは日本にとって史上初めて経験した外国による国土の占領、そして軍事支配でしたから日本人に与えた衝撃は今でも消えていないほどの大変なものでした。

ところがこの七年に及ぶ占領も、今から見るとその本質は殆ど米国による間接支配の性格の強いもので、それは人類の歴史上幾度となく繰り返された敗戦に続く苛酷《かこく》な異民族支配の実態とはかなりかけ離れたものでした。と言うのも同じ敗戦国のドイツの場合とは違って、日本の行政組織が壊滅せずに一応そのまま残った結果として、国民が日々の日常生活で外国人支配者や占領軍と直接接触することがなかったのです。したがって占領軍兵士による殺人放火略奪強姦といった占領には付き物の乱暴狼藉が、一部地域を除くと全国的には殆ど見られませんでした。占領軍を初めて迎え入れた首都の東京でさえ唯の一発の銃声も聞かれなかったことは、世界の占領史上の奇跡として特筆すべきことだったのです。

そして日本が経験したこの間接占領の最大の特徴は、支配者が彼らの全く理解できない日本語の使用を、禁止または制限しなかったことでしょう。占領当局は間接的には日本語のローマ字化を誘導したり、漢字の使用を制限するよう文部省を指導したりはしましたが、日本語の公の場での使用を禁止したり、教育言語として英語を強制することはありませんでした。ですから一般の日本人は苦労して外国語を使って生活する必要も、外国人相手に英語で仕事をすることもなかったのです。

国内改革のための手段

以上長々と日本の対外関係の歴史を見てきたのは、日本という国そのものがユーラシア大陸の国々と比べると、古くから外国との対立抗争はおろか国民レベルで外国人と直接接触する機会すらも殆どないまま今日に至っていることを明確に理解するためでした。

これを知れば一般の日本人が持つ外国語観、つまり外国語に対してのイメージは、太古の昔から現在に至るまで一貫して、外国人と張り合い渡り合って国を守る武器というよりは、それを習得することによって日本にはない外国の優れた技術、進んだ知識を取り入れ、国内を発展させ暮らしを豊かにする手段であったことが理解できるのです。

外国語の習得目的にはこのように、国の在り方によってかなりはっきりした違いのあることに、私は大分前に気が付いていくつかの分類を試みたことがあります（注2）。その一つは学習対象である言語を使う人々がみな死んでいるかそれとも生きているかの違いです。古代ギリシャ語や古い昔の漢文をなぜ私たちが苦労してまで学ぶのかと言うと、そこには現代に生きる我々にとっても価値のある各種の貴重な情報が沢山見出されるからです。しかしこのようないわゆる死語を学ぶ場合、その言葉を用いた人は最早この世にいないのですから、相手をどうこうしようとか、相手に感銘を与えることなどは学習者の念頭にないわけです。つまり死語を学ぶ意味は専らそこから自分たちの役に立つ情報や知的情操的な刺激や喜びを引き出すためなのであって、相手のことなどまったく考えずに済む、文字通り相手不在の一方的な外国語学習と言えます。

実は日本人の外国語学習というものは昔から一貫して、本当にはちゃんと生きている人々が使っている外国語を、まるで死語のように見做《みな》して学んできたという相手不在の一方的な学習だったのです。そしてこの変則的な学習を許したのが日本の地政学的な長期にわたる国際的な孤立状況でした。すでに述べた諸外国と日本の間接的できわめて特殊な関係のおかげで、日本人は外国語に対してまるで古典語に接するような態度で臨むことが出来たのです。ですから訓詁注釈的な学習法が行われたり、驚くほど多種多様の翻訳や注釈がなされたりしているのも、外国語を実際に用いている外国人との直接の接触が大幅に欠如していたためなのです。ですから通例どの国でも実際の必要から学ばれる外国語は、外国人と日々直接に接触交流する庶民のレベルでも広く習得されるものですが、日本の場合は常に社会の上層部に属する人たちだけが外国語を学問として学び、庶民は外国語とまったく無縁だったことも、まさに外国語が古典語のように学ばれたことを示しているのです。

内向きか外向きか

この章の初めに指摘したように言語の働きの一つとして、相手をこちらの望むように動かす他動機能というものがあります。そこで外国語を学ぶときも、その目的として外国を巧く操り、相手の攻撃をかわすために外国を知るのだという相手操作の観点があってもおかしくないはずです。この点に絞って色々な国の外国語教育を比較してみると、思っても見なかったような面白い違いのあることが分かったのです。

私が何度かアメリカの大学で日本語を教えた経験から気が付いたことは、学生たちの学習態度がとても攻撃的だということでした。自分たちが理解できないこと納得のゆかないことがあると、外国にはこんな考え方も在るのかとか、あるいはこの点はアメリカ人も見習ったほうがいいのではなどといった、自分たちの在り方生き方を反省する態度は殆ど見られず、すぐ日本批判すなわち相手攻撃に出るのです。

またアメリカで主として学ばれる外国語は、そのときどきのアメリカを脅《おびや》かしたり、アメリカと何らかの意味での競争者である国の言語が選ばれます。一九五〇年代の後半にソ連が突然人工衛星スプートニクの打ち上げに成功してアメリカを出し抜いたときは、大学でそれまで力を入れていなかったロシア語が急に最重要な外国語に昇格して、これを学ぶものには月謝免除の特典が与えられたのです。また日本が著しい経済成長を遂げ、アメリカの誇る自動車産業までが脅威に曝《さら》され始めた七〇年代から八〇年代にかけては、関係者の誰もが驚いた日本語の一大ブームが米国の大学で起こりました。そして次に改革開放後の中国が急速な経済発展を遂げ、色々な所でアメリカを脅かしかねない存在になりだすと、アメリカの外国語習得熱は日本語を離れて中国語へと移っていったのです。

要するにアメリカの覇権に挑戦する国が出てくると、その国を良く知ってこれを制御し、場合によっては叩き潰す目的でその国の言語が重点的に学ばれるのです。このようにアメリカ人の外国語に対する基本的な態度には、それを学んで自分たちの国の持つ欠点や良くないところを直そうという、内向きの視点が殆ど欠如しているのです。

それでは今やアメリカと並ぶ大国となった中国の外国語に対する姿勢はどうでしょう。大分前、まだ毛沢東主義が力を持っていた頃、日本に脱出してきた中年の中国人女性が私の研究室を訪ねて来て、言語社会学を学びたいと申し出たのです。そこでどんな外国語が読めるのかと聞きましたら、ロシア語を六年間勉強したと言うのです。それならばというので色々なロシア語の本を広げて見せると、彼女はどれもあまりよく理解できないらしいのです。そこで私は一体どんなことを学校のロシア語で学んだのかと訊ねてびっくりしました。彼女は毛沢東語録ならばロシア語で完全に暗誦できるほど勉強したし、中国の偉大な歴史も詳しくロシア語で学んだと言うのです。けれども肝心のロシアについては殆ど何も知らないことが分かりました。ロシアを知るためにロシア語を学んだのではないという驚くべき事実を知って、私は啞然としたのを今でもよく覚えています。

このように中国の外国語教育の重点は中国のよさ、中国人の考え方を外国に広め外国人に知らせて、相手を威圧し畏怖させるという自国のよさの対外宣伝、外国人の啓蒙《けいもう》に置かれていたのです。今では中国人も自国の遅れている科学技術や金融といった、イデオロギーとは余り関係のない分野に限っては、素直に外国から学ぶようになりましたが、政治体制、社会のあり方といった面では依然として従来の自国中心の姿勢を崩してはいません。しかし考えてみれば、長らく自分たちこそが世界の中心文明すなわち中華だと自負してきた中国人には外国から習い教わる伝統がないのですから、これは当然だと思います。そしてこの中国の場合もアメリカの語学教育のあり方も、外国を自国に都合の良いように動かし巧く圧力をかけるためという外向きのヴェクトルで行われているのです。

これに反して日本人にとって古くから外国語学習の目的には、再び繰り返しますが相手国をどうこうしようなどということは全く念頭になく、古代の漢文、徳川期のオランダ語、そして明治に始まる英独仏語の全てが、遅れた日本の国内を進歩発展させ、国民の心身の向上を図るためという、ただただ内向きのヴェクトルで学ばれてきたのです。

だからこそ経済大国となり世界中に多大な影響を与えている現在でも、外国語というものを見る目、考える頭が依然として外国の優れた文物の国内への輸入、日本に必要な海外情報を漏れなく受信する手段の域を出ないのです。私は大分前から、日本は今や世界の先進超大国となったのだから、日本人にとっての外国語とはこれまでのような単なる受身の受信手段ではなく、未だ知られることの少ない日本の実情を広く世界に知らせるための能動的な発信手段として見直すべきだと言っています。いやそれどころか非戦を誓い専守防衛をうたう新生日本にとっては、言語による国際対応が最重要な国防の手段でさえあるのだから、いまだに見られる相手不在の外国語観にもとづく外国語教育を早急に改めるべきだと主張しているのです（注3）。

二　日本語教のすすめ

世界中に日本語の読める人を

私は大分前に日本語教という名の新興宗教を興《おこ》しました。勿論教祖はこの私ですが、いまのところ残念ながら信者はほとんどいません。でもこの宗教の説くところは至って簡単なもので、この世に折角生を享《う》けながら、日本語という素晴しい言語を知らずに空《むな》しく死んでゆく人を、一人でも少なくする努力をしようということだけです。

しかし私のこのような考えは残念ながら私の独創とは言えないのです。前世紀の前半アメリカで活躍したパール・バックという女性作家がいました。この人は『大地』という当時の中国に題材をとった小説で有名になり、後にノーベル文学賞まで貰った有名な小説家でしたが、彼女は自分の父親のことを次のように書いています。キリスト教の宣教師だった彼女の父親は、当時すでに四億人にも達していた中国人が、神の教えを知ることなく暗闇から暗闇へと、まるで人間がナイアガラの滝水のように流れ去って行くのを見るに忍びず、命の危険を覚悟で宣教の為に中国に渡ったと言うのです。私の気持ちはこのパール・バックの父親が抱いた気持ちと全く同じ純粋な宗教的信念から出たものなのです。

現在世界の人口は約六十七億ですが、そのなかで日本語の分かる人は日本人の一億二千七百万の外《ほか》は、僅か数百万人の様々な程度を異にする日本語学習者がいるだけというのが現状です。このことは考えてみると大変に勿体《もったい》無いことであるだけでなく、世界の平和にとって危険なことですらあるのです。

鎖国状態を打破すべき

何故かと言えば日本が最早かつての弱小後進国ではないどころか、まかり間違えば再び世界を混乱に陥れかねないほどの強大な力を持つ超大国の一員と現在なっているからです。ところがこの日本に固有の日本語が、これまで約五百年もの長きにわたって世界の支配言語であったヨーロッパ系の諸言語とは系統の全く違う言語であるために、いま日本と諸外国との意思疎通が巧くいっていないのです。前に述べたように日本の国際的な悪口は、「口の痺《しび》れた巨人」とか「声を出さない巨象」、そして意見は言わないけれど金だけは直ぐ出す「自動金銭支払機」などであって、そのどれもが超大国日本の世界に向かっての言語コミュニケーションの不足を突いたものと言えるのです。

もし日本語が英語やフランス語のようにとまでは行かなくとも、世界の知識人層の中ではごく普通に学ばれる言語であって、日本語の新聞雑誌や各種の書籍が諸外国でどんどん読まれていれば、日本と諸外国との間に何かと言うと生まれる誤解や摩擦が遥かに少なくなることは確実です。

これまで世界の多くの人にとって日本という国は、いわば暗号で書かれた分厚い本のようなものでした。何か面白そうなことが一杯書いてあるようだが日本語という暗号のわからない外国人には解読できないのです。そこでいま日本人は自分たちの手で日本という魅力に溢れた国を、日本語の分かる人を増やすことによって、世界に開く必要があるというのが私の考えなのです。日本の国際的な言語鎖国の状態を、日本の力で変えようと言うのです。

しかしこのことはよく考えてみると本当は筋の通らないおかしなことと言えます。と言うのも私たち日本人は千年以上もの間、進んで古代中国の言葉である漢文を、大変な努力をして学んできました。鎖国の徳川時代でも一部の学者や役人はオランダ語を苦労して習得しています。明治開国以後はそれこそ国を挙げて、当時の英語を中心とする先進国の言語を、大学を始めとする高等教育機関で必死に学んだのです。そしていまは国民全部が英語を話せなくては困るなどと言って、小学校から英語教育を始めようとさえしています。

このように日本人はその時そのときに日本が学ぶべきものを持っている国の言葉を自発的に進んで学び、それを通して広く国外から良いものを積極的に国内に取り入れることを絶えずやってきました。外国に優れたもの、進んだ考えがあると思えばためらわずにそれを国内に取り入れるというこの柔軟でこだわりのない進取の気性が、今の繁栄する日本を作ったのだと言えます。

ですから世の中が変わり日本が発展して、諸外国が学ぶに値する色々なものを日本が持つようになったのですから、今度は外国の方《ほう》が日本を積極的に学ぶ努力を、それも自発的にすべき番が回ってきたに過ぎないと言えます。それなのに外国の人々が自分たちの怠慢を棚に上げて、日本語は難しい、漢字は時代遅れの文字だなどと言ったり、日本が情報開示を怠っている、日本人の言動は透明性を欠くなどと文句をつけたりするのは本当はおかしいのです。今は外国こそが日本に追いつく努力を自前のお金を使って始めるべきなのです。ところが残念ながら殆どそうなっていないのが現実です。これには大きく言って二つの理由があります。

日本語熱が高まらない理由

なによりもそれは欧米先進諸国が世界情勢の変化に即応した意識の切り替えを、長年この世界のすべては自分たちが主導してきたという実績と自負のために出来ないでいるからです。ヨーロッパ語を話す白人のキリスト教徒だけが、人類の指導者にふさわしい資格を備えているのだという抜きがたい傲慢な思い込みは、以前ほどあからさまには表明されなくなりましたが、それでもそのつもりで注意深く見ればまだ至る所に残っています。誰にでもすぐ分かる例はオリンピックで、水泳の平泳ぎ、スキーのジャンプ競技、バレー、柔道などで日本が勝ち進むと、すぐ欧米主導で日本人に不利なようにルールが変更されることです。

そのうえ欧米諸国はつい半世紀前の戦争で日本には勝ったものの、戦後になって殆どの国が虎の子だった植民地を日本が余計なことをしたために、すっかり手放さざるをえなかったという腹立たしい記憶があるため、日本人によって長年の植民地状態から解放された同じアジア人であるマレーシアの前首相マハティール氏が、国を挙げて「日本に学べ」のスローガンの下に近代化を進めたようにはいかないのです。

二つ目の理由は日本人の無知と卑屈な自己卑下の伝統にあります。これまで歴史上誰か一人でも日本語を世界に広めるべきだなどと主張し、その実現に力を尽くした人がいたでしょうか。私はいないと思います。日本人は自分たちが外国語を学んで国際対応をすること以外に、生きてゆく道がないと勝手に思い込んでいるなんともおめでたい国民なのです。

それどころか欧米諸国によって、外国に一切迷惑をかけない国のあり方である鎖国から無理に引きずり出された日本が、どの国の植民地にもならず独立国として生きるための富国強兵を目指す過程で、彼らに倣《なら》って持った植民地を日本語で統治したことすら、日本の恥ずべき国家的暴虐行為として非難し弾劾する日本人が大勢いるのです。

しかしこれらの人々はイギリスやフランス、そしてロシアやスペインなどが、長きは数百年にわたる植民地支配の過程で自国の言語を現地民に強制したからこそ、現在、世界では英語を日常使う国が五十以上、フランス語を社会の重要な言語とする国が約四十、そしてスペイン語が約三十でロシア語が二十ヶ国あまりといった具合になっているのだということを知っているのでしょうか。外国が堂々とこんなにも長きにわたって手広くやった悪行には目をつぶって、自分の国のことだけを針小棒大に非難し弾劾するのでは、およそ公平な歴史感覚の持ち主とは言えません。こと植民地問題に関して言えば、かつての日本は領有した植民地の数と規模、領有期間の長さ、宗主国の言語を他国民へ強制した期間などの全てにおいて、もし植民地国際番付けのようなものがあるならば、幕下の最下位を占めることは間違いありません。だから日本語が社会的に今でも通用する国が広い世界に日本以外は一つもないのです。

日本は大損をしている

今世界には世界秩序の維持や紛争の処理、そして様々な国家間の不公平をなくす目的を持った色々な国際機関が国連を初めとして沢山ありますが、このような機関で自国語を使うことのできない日本のような国は、やむを得ず外国語で対応する態勢を国内に作る必要があり、そのための教育投資は莫大《ばくだい》なものになることを忘れてはいけません。日本は現在世界のどこでも日本語が国際的に使えないために割を食っているのです。この意味でアメリカやイギリスなどは大変に得をしています。政治家もビジネスマンも、そして学者までが、外国語が全くできなくても自由に世界中を飛び回れるのですから。それはどこに行っても相手が英語を使ってくれるからです。このように自分の国の言語が国際的に広まっていることの利点は限りなくあるのに、どうして日本人はこのことに気が付かないのでしょうか。一体いつまで自分たちの一方的な持ち出しで、外国語である英語を苦労して学んで世界対応をし続けるつもりなのでしょうか。

私がこれまで色々なところで、英語は日本が明らかに様々な点で遅れていた明治大正の時代はいざ知らず、いまや日本にとっては必要悪でしかないと主張している理由の一つはここにあります。度々言うように日本が大国となった以上、日本人は自国の利益のためだけでなく大国としての国際責任を十分に果たすためにも、自分たちの言語である日本語をたとえ嫌でも世界に広めなくてはならない立場にあるのです。

このように私が言うと一部の日本語教育の関係者などから必ず出て来る非難は、かつて植民地で犯した現地の人々の言語を奪うという罪を再び繰り返すつもりかということです。しかし私の考えている日本語の国際普及とは、国民の生活全部が日本語で行われるような国を新たに日本の外に増やそうということではないのです。

私が主張する日本語の国際普及とは、その主たる目標として先進諸国に日本語の読める人、読書人口を増やそうということに過ぎません。話し言葉までは要求しないのです。これがどのような意味を持つものなのかは日本における外国語学習の歴史を考えてみれば直ぐ分かります。

前にも述べたように日本人の外国語習得のあり方を歴史的に俯瞰《ふかん》して見ると、それは常に殆ど指導者階級に属する人々だけが外国語の書物を読んで理解し、それを日本語に翻訳することだったといえます。何しろ日本は国としても色々な事情で外国人との直接接触もまた相互交流も殆どなかったからです。ですから外国人と会話することなど外国語学習の主目的には含まれていませんでした。日本人は殆ど書物を読むことを通して外国の進んだ技術、新しい考えをどんどんと国内に取り入れたのです。勿論同時に優れた製品の輸入も行われたことは言うまでもありません。

日本語を国際普及しようという私の提案の骨子は、これからは諸外国がすぐれた日本の文化や進んだ技術、そして日本人の考えや意見を、日本語の書籍文献を読むことで吸収できるように、日本側として援助できることは何でもやろうということに過ぎません。

ですから巨額の金銭的援助を国外における日本語教育進展のために行うのは当然のこととして、日本政府が各国に置いている外交機関の主たる重要業務の中に、当該国での日本文化の普及啓蒙、日本語教育振興のための徹底した援助活動などをはっきりと加えるべきです。これはすでに英米やフランス、そして同じ敗戦国であるドイツなどでもとっくにやっていることです。何しろ日本は戦争を国際紛争解決の手段とすることは絶対にしないことを誓ったのですから、外国との対立や摩擦を解消する日本の外交とは、言葉による他に道がないからです。戦後の日本外務省にこのような「言葉こそが棄てた武器に替わる新しい武器だ」とする言力外交が、大国日本の生きる唯一の道だという明確な認識が欠けているのは残念でたまりません（注）。

日本語読書人口の増加策

十数年前それまで勤めていた大学を定年退職した私は、別の大学に再就職するため改めて文部省（当時）の資格審査をうけることになりました。ところが私の提出した業績一覧からいくつかの項目を削除するようにとの指示を受けたのです。それらは私の著作の何冊かが英独仏そして朝鮮語に翻訳されて外国で出版されたという事実の記載でした。

不審に思った私が文部省に問い合わせると、これら私の本を翻訳したのは外国の学者でありあなたではないのだから、あなたの業績ではなく向こうの人の業績だからということでした。この文部省の考え方は、一見辻褄《つじつま》が合っているように思えますが実はおかしいのです。

なぜおかしいのかは次のことを考えて見れば直ぐ分かります。日本が現在のような技術の進んだ国、繁栄した社会となったのは、何といっても古くから日本人が必死に外国語の文献を読み、それを翻訳して国内に広める事を倦《う》まず弛《たゆ》まず長年続けてきたからです。明治以来日本の社会、特に大学では欧米語文献の翻訳出版は学問に携《たずさ》わる者たちの重要な学問上の貢献と見做されるという伝統も確立しています。しかし私はこの伝統は今や改められるべきだと思うのです。

なぜかと言うと繰り返しになりますが、これからは諸外国の人々、特に知識人たちが日本の良さ、日本人の考えなどを吸収する目的で、沢山の日本語の本を読むことが求められます。しかし日本語そのものをこれらの人々が読めない現状では、日本がこれまで何世紀にもわたってやってきたように、まずそれぞれの国の言語で沢山の日本語文献の翻訳が出版され広く読まれる必要があります。これこそ日本語と日本文化の理解が世界の知識人層に広まる重要な第一歩なのです。

既にかなりの数の日本の古典や現代日本文学の作品が外国語に翻訳されて日本文化、日本人そのものの国際的な理解を助けていることは周知のことです。また一頃は日本の映画が日本を広く世界に知らせるのに力を発揮しましたが、近年では漫画やアニメが大活躍です。このような日本人の言葉による活動が、これまで外部世界に知られなかった日本人のもつ面白い考えや新事実を海外に広め、そのことによって世界の人々のもつ知的財産の山をそれだけ高くすることに貢献しているわけです。

ですから国際化時代の日本の社会文化系の学者にこれから求められる仕事とは、最早外国語の文献を翻訳することで日本国内を豊かにし、日本人を啓蒙するだけでなく、広く外国の人々に役立つ知識、日本人ならではの独創的な考えを世界に発信することだと私は考えるのです。この意味で文部省が外国語に翻訳された私の仕事を学問に対する私の貢献と認めないことは、日本人学者の知的学問的貢献を、まだ国内的視野だけで評価していて、広い世界に対して寄与したかどうかの視点が欠けているからなのです。日本人学者の自然科学の分野での業績は既に国際的に目覚しいものがありますが、社会文化系の学問の世界に対する貢献は明らかに遅れています。だから日本人の独創的な業績を世界にまず外国語の翻訳を通して広める必要があるのです。そしてこのことは日本語そのものの読める次の世代を育てることにも確実に繋がります。

この日本語から外国語への翻訳の仕事は、今のところその殆どが少数の日本語のよくできる外国人の手でなされていますが、ここに大勢の日本人が新たに加わり、大量の日本語文献を各国語に翻訳して国外に送り出すことを、新しい知的輸出産業の地位にまで高める必要があると思います。この点に関して最も必要なことは、日本の大学での外国語教育の基本姿勢を、これまでのような進んだ諸外国の事情を日本語に翻訳するという情報輸入から、日本人の知的活動や学問の成果を国外に外国語で輸出発信する方向へと一八〇度の転換を行うことです。これによって明治以来の外国語教育の目的には含まれていなかった新たなタイプの国際対応を担う人材の育成が可能になるのです。

そのほかにも緊急に解決しなければならないことは沢山ありますが、なかでも和英辞典や和仏、和独といった辞書類の強化改善は緊急を要します。現状では和英、和仏、そして和独などは、英和、仏和、そして独和辞典などに比べて、誰が見てもひどく見劣りのする少数のものしかありません。日本事情や日本特有の事物、そして日本人独特の考えなどを外国語に翻訳しようとすれば、現状では様々な工夫《くふう》、苦心が必要となりますが、今手に入る辞書類はこのためには余り助けにならないのです。
そしてこれによってこれまで外部世界に知られなかった日本人のもつ面白い考えや新事実が、世界の人々の知的財産の山をその分だけ高くすることに貢献できるわけです。そして翻訳の対象に選ばれるものは、当然よその国にはない独創的な内容を持つものに限られる筈ですから、日本人学者の日本語で発表した業績が外国語に翻訳され出版されるということは、その学者の仕事が世界的に見て独創的なものであると認められたことになるのです。

日本語を日本人だけでなく、世界でひろく理解される国際語にしたいという私のこの考えに対して、何かと反対を唱える向きも多いと思いますが、私の提案のもとには実は次のような気持ちもあるのです。それは日本が今日のように平和で繁栄する国になったのは、これまで日本に進んだ考え、素晴しい文化、そして様々な新技術を惜しみなく齎《もたら》してくれた世界の国々のお陰と言えます。ところが日本人はまだそのお返しを十分にしていません。日本には中華、西洋そしてアメリカ文明の恩恵がいたるところに見られますが、それに見合うだけの日本文明の影響は未だこれらの国には見られません。義理堅いことで知られる日本人は日本が豊かな大国になった今こそ、外国からの積年の恩恵に日本語を教え広めることで報いる立場にいるのです。日本語の国際普及は文化侵略でも日本語帝国主義でもなく、日本が栄える今日を迎えることの出来たことへの感謝の気持、心からのお礼の表現なのです。

注および初出文献一覧

第一章　日本語は誤解されている

一　ここで取り上げた問題は本文中で言及した鈴木孝夫『閉された言語・日本語の世界』（新潮選書、一九七五年）のほかにも、鈴木孝夫『日本語は国際語になりうるか』（講談社学術文庫、一九九五年）に収めたいくつかの論文で詳しく論じています。

二　漢字の音訓二重読みの問題を、私が詳しく扱ったものは、鈴木孝夫『日本語と外国語』（岩波新書、一九九〇年）の中にあります。

三、四　二節にわたって展開した議論は、私の『日本語と外国語』（岩波新書、一九九〇年）の第四章と第五章に詳しく出ています。また同趣旨の主張は橋本萬太郎、鈴木孝夫、山田尚勇編『漢字民族の決断』（大修館書店、一九八七年）の各所にあります。

第二章　言語が違えば文化も変わる

一　注1、鈴木孝夫「虹の色は何色か」(『慶應義塾大学言語文化研究所紀要』10、一九七八年)。注2、荻野恭茂『虹と日本文藝――資料と研究』(椙山女学園大学研究叢書26、二〇〇七年)。注3、板倉聖宣『虹は七色か六色か』(仮説社、二〇〇三年)。また鈴木孝夫『日本語と外国語』(岩波新書、一九九〇年)の第二章「虹は七色か」では、ここに扱った問題を更に詳しく扱っています。

二　注1、日本文化では太陽は赤だという常識も、国際化の進行と共に欧米型の黄色の太陽が、テレビの天気予報などに現れ始めたことにより崩れ始めているようです。注2、本稿で扱った問題は、私の『日本語と外国語』(岩波新書、一九九〇年)で更に詳しく扱われています。

三　注1、小牧健夫訳『西東詩集』(岩波文庫、一九六二年)。注2、このギリシャ語の「鯨と蛾」の関係を私が初めて論じたのは『慶應義塾大学言語文化研究所紀要』21(一九八九年)においてです。これは『鈴木孝夫　言語文化学ノート』(大修館書店、一九九八年)に再録されています。

四　注1、一九八八年に訪れたレニングラード(現在のサンクトペテルブルク)の動物園でも、男子便所は低い仕切りだけで前の扉はありませんでした。注2、私が泊まった限りのイギリスのホテルや、B and Bにも靴べらは置いてありませんでした。ただしその後日本人客が激増したため、靴べらを置くホテルもでてきたとのことです。注3、昔ミシガン大学にいたとき下宿のおばあさんに足の形がいいとほめられましたが、私の足に合う幅広のEEEEサイズの靴を見つけるのは大変でした。付記、この羞恥心の話の初出は鈴木孝夫『私の言語学』(大修館書店、一九八七年)です。また、この靴べらの話の初出は鈴木孝夫『日本語と外国語』(岩波新書、一九九〇年)です。

第三章　言葉に秘められた奥深い世界

一　この天狗の鼻についての論考は、今は廃刊になった筑摩書房の月刊誌『言語生活』一九六七年八月号に載せたものをもとにしています。この元の論文は私の『ことばと社会』（中央公論社、一九七五年）および鈴木孝夫著作集6『教養としての言語学』（岩波書店、二〇〇〇年）にも再録されています。またロシアでの鼻の扱いの部分は私の「ロシア語の語彙に関する2、3の覚え書」『鈴木孝夫　言語文化学ノート』（大修館書店、一九九八年）の一部です。ちなみに村澤博人『顔の文化誌』（講談社学術文庫、二〇〇七年）という本には、色々と興味のあることが書いてありますが、どういうわけか私の扱ったような顎と鼻の問題は全く触れられていません。

二　注1、このような考えが最初に発表されたのは *Ernst Leisi, Der Wortinhalt : Seine Struktur im Deutschen und Englischen, 1953* においてです。この翻訳としては私の訳した『意味と構造』（講談社学術文庫、一九九四年）があります。注2、この寒いと冷たいの問題を、私が初めて扱ったのは「寒いビールを飲みましょう」『教室の窓』（東京書籍、一九八三年五月号）（のちに私の『ことばの社会学』新潮社、一九八七年に再録）においてです。

三　この話題を私が初めて扱ったものは鈴木孝夫編、日本語講座4『日本語の語彙と表現』（大修館書店、一九七六年）に収めた「語彙の構造」です。そのほかに鈴木孝夫『教養としての言語学』（岩波新書、一九九六年）でも日本という言葉をかぶせる再命名の問題を論じています。なお評論家の加藤周一氏はかつて日本文化の特徴は様々な文化の雑種性にあると説かれましたが、私はこの論考で示したように、一般に雑種とはAとBという異質なものが溶け合った結果、どちらとも違うCという混合体ができることだとすれば、日本文化の場合はむしろAとBが同一の領域で競合併存状態にあるといえるため、雑種よりも多種併存文化と称するほうがよいという考えです。確かにカレーライスや餡パンの場合のような紛れもない雑種も各所に見られることは否定できませんが、大正から昭和の初期の女学生の制服に多くみられた、和服の袴に黒の編み上げ靴といった風俗や、旧制高校の生徒たちが愛用した洋服に下駄といった、服装における和洋折衷つまり雑種型のスタイルはどうも定着しないようです。

第四章　日本語に人称代名詞は存在しない

一　ここで取り上げた話題は、私の『ことばと文化』(岩波新書、一九七三年)のなかで、私が初めて問題にしたものです。

二　ここで取り上げた、面と向かって相手に「彼、彼女」と話しかける面白い「三人称代名詞」の使い方や、自称詞としての「ひと」の問題などは、私の『教養としての言語学』(岩波新書、一九九六年)で詳しく扱っています。

三　注1、*H.H.Price, Thinking and Experience, 1953*。注2、鈴木孝夫「二人称の記号論的特異性」(慶應義塾大学創立百年記念論文集『文学』、一九五八年)。なお今回扱った話題は私の『教養としての言語学』(岩波新書、一九九六年)および『ことばと文化』(岩波新書、一九七三年)の中で、更に色々な角度から論じています。

四　ここで取り上げた話題は、私の『教養としての言語学』(岩波新書、一九九六年)で詳しく扱っています。

第五章　日本語に対する考えを改めよう

一　注1、「21世紀日本の構想」懇談会での発言。注2、鈴木孝夫『ことばの人間学』（新潮社、一九七八年、一四四頁）。注3、鈴木孝夫『新　武器としてのことば』（アートデイズ、二〇〇八年）。

二　注、鈴木孝夫『新　武器としてのことば』（アートデイズ、二〇〇八年）。

あとがき

この本は私が雑誌『新潮45』に平成十九年十月から二十一年の五月まで、「日本語万華鏡」の題のもとに連載したものを、多少加筆訂正したうえ編集して一本に纏《まと》めたものである。当初の狙いは日本語を色々な外国語と適宜対比させながら、私のこれまで半世紀にわたる研究のなかで、面白いと思ったり私が初めて問題にしたりした、言葉と文化の関係、文字の話、言葉による人間の捉え方といった話題を、万華鏡よろしく前後の脈絡にあまり囚《とら》われず、思いつくままに次々と取り上げてゆくことだった。

ところが連載を終わり改めて全部を読み返してみると、これは結果として私の色々な分野にまたがるこれまでの仕事の、一種のアンソロジイと言ってもよいものとなっていることに気が付いた。そして殆《ほとん》どの記述に一貫して見え隠れしているキイノートは、多くの日本人が未《いま》だにもっている〈日本語という言語は様々な点で進歩発達の遅れた不完全で不便な言語だ〉という思い込みを、何とか正したいという思いである。このことが今回この本の題を、初め考えていた『日本語万華鏡』ではなく、『日本語教のすすめ』というやや刺激的なものにした理由である。

今思うと幕末から明治の初期にかけて日本人が直面した、当時の西欧文明の素晴しさ力強さは、日本がいかに危うい立場に置かれているかの強い危機感を人々に抱かせ、社会の徹底した近代化を迫ったのである。その結果日本人はそれまでの長い伝統を持つ自分たちの文化、政治、学問そして風俗習慣までを、自ら進んで可能な限り西洋のものと置き換えるという、世界の歴史に例を見ない徹底した自己改革に乗り出した。その際、日本語までもが、当時の西洋人が用いていた諸言語とは余りにも異なるものであったために、文明の進歩発達を阻害する遅れたものとして激しい批判の対象となった。そこでいっそこの劣った日本語を放棄して、代わりに英語などの優れた外国語を採用したら、などという過激な主張までなされたことは、当時の日本が受けた衝撃の激しさを思えば無理もないこととして理解できる。

しかし私の理解できないことは、この不完全で非論理的な性格を持つとされた日本語をともかく使いながら日本人が僅《わず》か百年で、日本を遅れたアジアの弱小国から、教育の最も普及した、世界でも上位を占める経済技術大国に発展させることが出来たという事実と、日本語が社会の発展を阻害する遅れた不完全な言語だという命題が、どう見ても相容《あいい》れない矛盾の関係にあるということに、何故か多くの日本人が未だに気付かないことである。

日本人が本当に遅れた不完全な言語を使いながらもこのような偉業を成し遂げたとすると、そのことに対する納得の行く説明としては、日本人が他の民族とは違って並外れた能力を持っているために、日本語が不完全というハンディキャップが響かなかったのだという、どう見てもあまり穏やかでない日本人優秀論を持ち出すことであろう。だから未だに日本語が遅れた学習効率の悪い言語だと思っている人は、知らず知らずのうちにこのような日本人優秀民族説の信奉者となっているのである。

しかし言語学者である私はむしろ明治以来日本の識者が信じ込まされてきた〈日本語は遅れた不完全な言語である〉とする見方そのものが、今では全く学問的な根拠を失った〈西欧の諸言語こそが人類言語の究極的な発展段階を示している〉という、主として十九世紀後半に西欧の人々によって唱えられた社会進化論的言語観に基づく偏見でしかなかったことを指摘したい。人間の言語はどんなに姿かたちが異なっても、そこに価値の上下はなく、基本的な表現力にも全く相違がないということは、世界の諸言語の実態が次々と明らかにされた今では言語学の常識となっている。だから日本人が西洋諸語とはまったく異なる日本語を使って、社会の近代化を成し遂げたことに何の不思議もないのである。しかし何につけても西欧崇拝の気風が強く残っているわが国の知識人の間には、西欧語と多くの点で異なる日本語を劣った不便な言語であるとする否定的な見方が、今もって根強く見られるのは残念と言うほかはない。

私がこの〈日本語は劣等言語だ〉という根拠のない思い込みを何とかして払拭《ふっしょく》したいと思う最大の理由は、経済や技術の点ではいまや一流の大国となった日本が、諸外国との言語情報交流の点ではお世辞にも大国とは言えない惨《みじ》めな状態にあることを危惧するからなのである。日本は口のきけない巨象だとか、意見は言わないが金だけはすぐに出す自動金銭支払機だといった、日本に向けられる国際的な悪口は、日本が大国でありながら世界に向かって自分の考えを、言葉で殆ど表明しないことに向けられているのだ。

今の日本は戦争という手段で国際的な対立や紛争を解決することを放棄した世界で唯一の国である。国を守るための戦争もせず国際問題を解決するための主張も強力に展開しないとなると、日本人は一体どのようにして激しく利害の対立する国際社会で、大国としての地位を保ってゆくつもりなのだろうか。このことが私の年来の持論である〈今や日本人は言葉こそ最強の武器であり防衛力であるという新しい認識に立って、国家のあり方を考え直す必要がある〉という主張の根拠なのである。そして私が〈言葉〉という際に、そこに日本人の誰もが苦労なしに使える日本語を含めるべきだというのが私の考えである。

これまでは国際化に対応するため日本人はもっと英語が上手にならなければいけないとして、英語教育の改善や英語の学習を小学校から始めようといった様々な努力がなされている。だがむしろ日本語を世界に広めることで、日本と諸外国の間の言語情報交流を円滑にすることが、日本人にとってだけでなく世界の人々の利益にも繫がる、最も効果的な対外言語対応だという主張をなす人はいないようだ。しかし深く考えなくても、日本語で国際交流をやれるほうが、多大の時間と金をかけ、苦労して学んだ外国語を使ってやるより遥かに楽で経済的なことは、日本人ならば誰でも判ることである。

ところが日本語を広く世界に広めようと言うとき、最大の障害は肝心の日本人が日本語を学習効率の悪い不完全で遅れた言語だと思っていることである。自分が遅れた不完全なものと考えている言語を、進んで世界に広めようと考えないのは道理というものであろう。だからこそ、この考えが如何《いか》に馬鹿げた根拠のない思い込みなのかを、あらゆる機会を捉えて説き示す必要があるのである。この本を読まれた方が、一人でも多く私の考えに賛同され、日本語の国際普及を掲げる日本語教の信者になって下されば、著者としてこれほど嬉しいことはない。

鈴木孝夫

平成二十一年八月

鈴木孝夫　1926（大正15）年、東京生まれ。慶応義塾大学名誉教授。専攻は言語社会学。著作に『閉された言語・日本語の世界』『武器としてのことば』『日本人はなぜ日本を愛せないのか』など。

Ⓢ新潮新書

333

日本語教《にほんごきょう》のすすめ

著　者　鈴木孝夫《すずきたかお》

2009年10月20日　発行
2015年4月5日　6刷

発行者　佐　藤　隆　信

発行所　株式会社新潮社
〒162-8711　東京都新宿区矢来町71番地
編集部(03)3266-5430　読者係(03)3266-5111
http://www.shinchosha.co.jp

印刷所　大日本印刷株式会社

製本所　株式会社大進堂

ISBN978-4-10-610333-9　C0281